새벽 4시 반,
엄마 마음 일기장

Copyright ⓒ ACORN-ON Co., 2025. All rights reserved.

이 책은 ㈜에이콘온이 저작권자 신은영과 정식 계약하여 발행한 책이므로
이 책의 일부나 전체 내용을 무단으로 복사, 복제, 전재하는 것은 저작권법에 저촉됩니다.
저자와의 협의에 의해 인지는 붙이지 않습니다.

새벽 4시 반, 엄마 마음 일기장

좋은 엄마가 되려다,
나를 잃어버린 당신에게

신은영 지음

한 줄 리뷰

《새벽 4시 반, 엄마 마음 일기장》은 아이와 가족 사이에서 자신을 잃어버린 채 사는 수많은 엄마에게 건네는 따뜻한 위로와 공감의 기록입니다.
출간에 앞서 이 책을 먼저 읽은 독자들이 남겨준 '한 줄 리뷰'는, 이 책이 어떤 울림을 주는지 잘 보여줍니다.

인생의 희로애락을 다채롭게 겪고 싶다면 엄마가 되면 된다. 천국을 거니는 듯한 행복과 깜깜한 방에 홀로 남은 듯한 절망이 동시에 밀려온다.

— 주*희 / 44세

《82년생 김지영》,《고백부부》,《며느라기》에 울컥했던 당신이라면, 이제 이 책에서 지친 마음을 꼭 안아줄 진짜 엄마 이야기를 만나보세요.

— 박*이 / 42세

"나만 그런 게 아니구나" 하는 생각에 큰 위로가 된다.

— 김*하 / 38세

누가 내 일기장을 봤나 싶을 만큼 꼭 포개지는 이야기라 코끝이 찡해온다.

— 박*나 / 41세

한 줄 한 줄 읽어 내려가면서 다시 생각했다. "이거 내가 쓴 거 아닌가?" 수없이 적었던 일기장이 작가님의 글을 통해 세상에 나온 듯하다. 엄마라면 안 읽을 수 없을 것 같다. 이 시대에 맞는 엄마들을 위한 책이라는 생각이 든다.

― 강*혜 / 38세

읽는 내내 너무 공감됐다. 오래되어 잊은 줄 알았는데 그때의 감정이 다시 살아났다. 아무 준비 없이 엄마, 아내, 며느리가 되어야 했던 자리의 무게가 책을 읽는내내 고스란히 느껴졌다. 글로나마 마음을 정리할 수 있어 정말 좋았다.

― 용*아 / 44세

글을 읽는 내내 초보 엄마 시절의 내가 떠올랐다. 아이를 품은 열 달이 무색할 만큼, 신비로운 아기를 보고도 기쁘지 않고 기운이 빠졌던 순간들. '내가 모성애가 부족한 엄마라서 그런가?' 고민했던 어린 시절의 엄마 모습이 떠올랐다. 공감과 감탄, 뭉클한 감정으로 가득 찼다. 위로의 메시지가 모든 엄마에게 큰 힘이 되어줄 것 같다.

― 박*나 / 39세

육아의 진짜 얼굴을 마주하는 엄마의 '마음 거울' 같은 책이다. '엄마라는 옷이 무겁고 힘든 게 나만은 아니구나' 하고 느끼며 읽었다.

― 윤*채 / 40세

'엄마'라는 이름만큼 아름답지는 않은 현실 육아에서 성장해 나가는 생각들이, 엄마인 나를 위로해 준다.

— 신*지 / 42세

엄마라는 이름표를 달고 엄마가 되었지만, 누구도 가르쳐 주지 않았던 역할을 해내기 위해 헤맸던 과거의 나를 온전히 마주하며 안아줄 수 있었던 위로의 시간이었다.

— 정*숙 / 44세

엄마라는 이름은 병원에 가야만 불리지만, 이 책을 펼치면 마음속에 나의 이름이 울린다.

— 홍*희 / 46세

엄마로 살아가는 마음이 한 글자, 한 글자 와 닿는다. 읽으며 눈물이 또르르 흐르기도 했다. 아무리 힘들고 지쳐도 다시 일어서는 엄마의 한 사람으로 공감도, 위로도 받을 수 있었다. 세상의 모든 엄마를 응원한다. 오롯이 새벽에 글을 쓰는 작가님은 더 단단하고 따뜻해져 가는 엄마 같다. 나도 어느 날 새벽, 종이와 연필을 꺼내어 나를 찾는 여행을 떠나보고 싶다.

— 김*희 / 48세

'새벽 4시 반, 내 마음을 읽는 진짜 미라클 모닝.' 정면으로 마주해 본 적 없던 엄마로서의 감정을 글로 차근차근 꺼내보는 시간이었다. 이 책을 따라 하루 한 줄이라도 엄마로서의 나, 인간으로서의 나를 기록해 보고 싶다.

— 정*미 / 45세

나랑 똑같은 사람이 여기 있었네요. 새벽 4시 반에 일어날 수밖에 없었던 엄마라는 존재. 치열하고 막막했지만, 더 많은 사랑을 바르게 전하고 싶었던, 나를 알아가는 존재였구나 싶습니다.

— 남궁*경 / 39세

여자라고 해서 엄마가 쉽고 자연스러운 것은 아니다. 이유 모를 눈물을 달래주는 따스한 문장들, 나를 잃지 않게 해주는 질문들…. 작가의 글을 읽으면 나도 '괜찮은 엄마, 괜찮은 사람'으로 남을 것만 같다.

— 최* / 46세

이젠 엄마가 아닌 나로 살아가야 할 시간. 이 책을 통해 진짜 나를 발견할 수 있기를 바란다.

— 이*경 / 44세

아이와 함께 성장하는 내 모습을 느끼게 해주는 책.

— 박*주 / 45세

진짜 육아의 얼굴을 읽을 수 있었다.

— 최*희 / 39세

엄마이기에 공감이 갔다. 외롭고 긴 육아의 터널에서 의연하게 버텨준 작가님이 대견했다.

— 이*은 / 45세

책을 읽으면서 신생아를 키울 때 느꼈던 감정이 무엇이었는지 다시 깨닫게 되었다.

— 최*진 / 38세

당연하게만 여겼던 엄마 삶의 작은 구석구석을 돌아보게 하는 책. 이미 지나온 시간이지만, 그때의 나에게 위로의 말을 건네주는 것 같다.

— 김*애 / 41세

기억 너머의 슬픈 시간이 왈칵 쏟아졌다가도, 다시 위로가 되어 미소 짓게 된다. 내가 겪었던 일을 생생히 묘사하는 작가의 필력에 감탄하며 울고 웃고 감동했다.

— 윤*영 / 46세

처음부터 눈물이 펑펑 쏟아졌다. 제목만으로는 가늠할 수 없는 꼼꼼한 감정 표현과 섬세한 묘사가 느껴졌다. 당연하게 여기고 지나쳤던 나를 하나하나 알아주고 다독여주는 글이라 한참 동안 진정할 수 없었다.

— 김*희 / 46세

누군가 내 마음속에 들어와, 말로 표현하지 못했던 감정을 대신 전해주는 것 같다. 육아와 일상에서 느낀 막막함, 슬픔, 분노, 좌절, 찰나의 행복까지 제3자의 시각으로 다시 보는 재미가 있었다.

— 신*은 / 45세

육체적인 힘겨움과 더불어 정신적인 외로움으로 어려운 양육의 길. 이 책을 통해 우리 모두 혼자가 아님을 느낄 수 있어, 고맙다. 따뜻한 위로가 담겨 있다.

— 이*은 / 45세

아이들의 엄마로 살아온 12년 세월의 나와 마주하는 기분이었다. 앞으로 마주할 엄마의 마음에도 공감을 꾹 눌러 담았다.

— 박*혜 / 40세

따뜻한 눈빛으로 토닥토닥 등을 두드려주는 큰언니 같은 책. 늘 곁에 두고 들고 다니고 싶다.

— 김*길 / 43세

디즈니 왜 봐요? 이 책 보면 되는데. 한 줄 한 줄 놓칠 게 없습니다.

― 최*혜 / 42세

한 가정의 아빠이자 남편으로서도 충분히 공감되는 글이다.

― 박*필 / 42세

목차

prologue 나는 사라지고 있었다. 아주 조용히, 천천히 14

1장
좋은 엄마가 되려고 할수록 나는 무너졌다 24
다 괜찮은 척, 다 잘하는 척 34
내 안의 화, 그 감정이 무서웠다 44
엄마도 울고 싶었다 52

2장
"괜찮아"라는 말로 덮어둔 감정들 62
다들 잘하는데, 왜 나만 못 견디는 걸까 70
밤마다 나는 무너지고 있었다 80
사랑한다고 말할 힘도 없었다 88

3장
새벽 4시 반, 마음의 틈을 만나다 98
그 시간, 나만 깨어있는 집 106
빈 공책 앞에서 머뭇거렸다 114
고요 속에서 나에게 말을 걸다 122

4장	마음을 담아, 종이를 채웠다	132
	엄마도 사람이다	140
	부서진 마음을 종이에 붙이며	148
	아무도 읽지 않아도 괜찮은 진심	156
5장	다시 나로 서는 연습. 천천히 그리고 함께	166
	거울 앞에서 나에게 말 걸기	174
	나를 안아주는 마음 습관	182
	아이에게도, 나에게도 따뜻한 말 한마디	190
6장	우리는 모두 회복 중인 사람들	200
	아직 서툴지만, 그게 나니까	210
	일상이 달라지지 않아도, 내가 달라졌다	220
	당신도, 나도 괜찮아질 거예요	230

epilogue 내가 나를 포기하지 않았다는 것, 그걸로 충분하다 240

prologue
나는 사라지고 있었다. 아주 조용히, 천천히

깜깜한 밤은 온통 어둠이었다.
사방이 벽으로 만들어진 작은 공간은
암막 커튼까지 드리워져 조금의 빛조차 허락하지 않는다.
드르렁거리는 남편의 불규칙한 숨소리와
쌕쌕거리는 아이들의 규칙적인 숨소리만 살아 있었다.

다만, 그 속에 나는 없다.

언제부터였을까. 더 이상 내 이름이 들리지 않았다.
누구의 엄마. 그리고 누구의 아내.
분명 나를 부르는 말이지만. 그건 내 이름이 아니다.
내 이름 석 자. 삼십 년 넘게 불려 왔던 그 이름이
언젠가부터 내 귓가에 들리지 않았다.
하지만, 그 소리가 들릴 때면 눈이 번쩍 떠지고 귀가 쫑긋 세워졌다.
파블로프의 개처럼.

"엄마."

아이들이 태어나 가장 먼저 뱉은 말이다.
어눌한 발음으로 짧은 단어를 뱉던 순간을 기억한다.
가슴이 벅차올랐고, 하늘로 치솟던 입꼬리를 주체할 수 없었다.
휴대전화 카메라를 작동시켜 동영상 버튼을 눌렀다.
"엄마? 엄마! 다시 엄마 해봐."
그런 내 모습을 마주 보며 배시시 웃던 얼굴이 사랑스러웠다.
그 후로도 아이들은 잠에서 깨면
누가 먼저랄 것 없이 '엄마'를 부르며 품 안을 파고들었다.
눈도 뜨지 못한 채 어미 개의 가슴팍을 파고드는 강아지들처럼.
그렇지만 나는 어미 개가 아니었다.
품에 안기며 소곤거리는 작은 소리에 미소를 짓는 대신
눈을 더 질끈 감았다.

하루에도 수십 번, 아니 수백 번씩 '엄마'라는 말이 들렸다.
그 중 단 한 순간도 '나'는 없다. 그저 엄마만 존재할 뿐이었다.
더 이상 내가 아니게 된 나는, 점차 말수가 줄었고 웃음도 줄었다.
나를 보며 웃는 해맑은 눈동자를
딱딱하게 굳은 뚱한 표정으로 바라봤다.
거울을 보는 횟수가 줄었다.

의도치 않게 거울 속 나와 눈이 마주치게 되면 소스라치게 놀라곤 했다.
늘어난 주름과 처진 피부의 문제가 아니었다. 내 얼굴이 몹시 낯설었다.

하나의 생명을 낳고 키우는 과정은 생각했던 것과 많이 달랐다.
초중고등학교를 졸업하면 대학에 가고, 취업하고, 결혼하는 것처럼 못 이기는 척 누군가 만들어 놓은 길에 떠밀려 걸어갈 수 있는 게 아니었다.
법정 대리인이라는 무거운 단어처럼,
아이들에 대한 모든 선택은 오롯이 부모의 몫이었다.
물론 그에 따른 책임도 마찬가지였다.
가족이라는 굴레가, 부모라는 타이틀이. 때로는 행복이고 선물이었다.
받고 싶은 게 있으면 내주는 게 있어야 하는 이해타산적인 관계가 아니었다.
무한하고 대가 없는 사랑. 그것이 나를 살게 하고 버티게 했다.
하지만, 그 사랑의 무게는 전혀 가볍지 않았다.
아이가 태어남과 동시에 빠르게 사라져간 통장 잔액처럼,
어느 순간부터 나의 존재감이 사라지고 있었다.
분명 나는 존재하고 있었지만, 더 이상 내가 아니었다.
지금까지 '나'라고 알고 있던 모습과 자꾸만 달라졌다.

결혼식을 올린 후, 두 달 반 만에 임신 테스트기에서 두 줄을 확인했다.
서른이 넘은 나이였기에, 운이 좋았다고 해야 할까.
눈사람처럼 흰 변기 위에 앉아 선명해지는 두 줄을 바라보자,
왈칵 눈물이 쏟아졌다.
눈물의 이유가 무엇인지도 몰랐다.
그저 하염없이 떨어져 내리는 눈물에 맞춰 얼굴을 일그러뜨릴 뿐이었다.
착한 딸이 되고 싶었다.
다정한 아내가 되고 싶었고, 만족스러운 며느리가 되고 싶었다.
그리고, 좋은 엄마가 되고 싶다는 욕심이 더해졌다.

'내가 잘할 수 있을까?'
'좋은 엄마가 될 수 있을까?'

설렘과 두려움 속에 매일을 견뎠다. 점점 달라지는 몸의 변화도 받아들였다.
숭덩숭덩 빠지는 머리카락 따위 상관없었다.
잠이 부족해 푸석해진 피부 따위 개의치 않았다.
목이 늘어난 티셔츠, 음식 얼룩이 묻은 옷 앞섬.
어차피 아기띠에 가려질 테니 문제 될 것 없었다.

눈높이를 훌쩍 올려주던 하이힐을 모조리 내다 버렸다.
엄마로 살아갈 나의 두 번째 인생의 첫걸음이었다.
이 또한 엄마가 되어가는 과정이니까.
엄마라면 누구나 겪어야 하는 일이니까.
누가 떠민 적 없지만, 그래야 한다고 생각했다.

좋은 엄마라면, 나보다 아이가 먼저여야 한다고 생각했다.
변기 위에서 흘렸던 눈물은 어쩌면 나를 향한 것이었는지도 모른다.
엄마로 새로 태어나기 위해 지금까지의 나를 지워버리기로 결심한,
애도의 눈물이었는지도 모르겠다.

하지만 아이들이 하루하루 자랄수록, 나의 하루는 무너져 내리고 있었다.
아이를 향한 사랑과 분노, 기대와 좌절이 뒤섞였다.
성난 늑대처럼 화를 낸 날엔, 잠든 아이의 머리를 쓰다듬으며 죄책감에 눈물을 흘렸다.
한 손에 쏙 들어오는 작은 손가락을 만지는 동안 마음이 저렸다.
끊임없는 반성과 미안함에 뜬눈으로 밤을 지새웠다.
'내일 아침에는 웃는 얼굴로 대해줘야지.'
'내일은 더 많이 놀아줘야지.'
하지만 아침이 되면 비슷한 하루가 반복됐다.

예민하고 복잡한 감정의 소용돌이 속에서 나는 점점 희미해졌다.
분명 사랑으로 시작했지만, 반복되는 일상과 끊임없는 비교 속에서 나는 상처받고 있었다.
물을 주지 않아 바짝 말라버린 화분처럼 겨우 버티고 있었다.
지쳐갔다.
"나는 왜 이 정도밖에 안되는 걸까. 왜 나만 이렇게 힘든 걸까."
잘해보려 애쓸수록 무너지는 순간 앞에서 자책감이 길게 꼬리를 내렸다.

그러다 문득, 새벽 4시 반에 눈을 떴다.
온 세상이 조용하고 나만 깨어 있는 시간 속에서,
나는 눈을 떴고,
내 마음과 마주하기 시작했다.

세상을 뒤흔들만한 거창한 다짐이나 놀라운 변화는 없었다.
그저 아주 조용히, 솔직하게, 한 줄씩 나를 적어 내려갔다.
오롯이 나를 마주했다.
더 이상 내가 사라지지 않기 위해, 나를 잊지 않기 위해.

이 책은 그렇게 시작되었다.
그저 '나를 놓치지 않기 위한, 내 시간을 위한' 기록이다.

\+

지금, 당신의 하루가 버겁고 마음이 무거운가요?
그렇다면 이 조용한 일기장을 함께 펼쳐보세요.
여기, 당신의 마음도 앉을 자리가 있답니다.
지친 몸과 마음, 잠시 쉬었다 가길 바라요.

참, 당신의 이름은 무엇인가요?

_____

※ 1장 ※

좋은 엄마가 되려고 할수록 나는 무너졌다

너는 참 순한 아이였다.
안아주기만 하면 크게 투정도 부리지 않고
품에 안긴 채 푹 잠들곤 했다.
모유에서 분유로 바꾸던 날에도
젖병을 한 번에 덥석 물어 고생을 덜어주었다.
심지어 무엇이든 잘 먹기까지 했다.
숟가락이 가까이 다가갈 때마다,
아기 새처럼 작은 입을 쨱쨱 벌리는 모습에
밤새 뚝딱거리며 이유식을 준비한 보람이 있었다.
둘째는 발로 키운다는 말을 증명이라도 해주듯, 잘 먹고 잘 자던 너란 아이.

세상 모든 아이가 너와 같다면,
열 명도 키울 수 있을 것 같았다.

하지만, 세상의 맛을 알아버린 너는 더 이상 순하지 않았다.
마음에 들지 않은 반찬을 내어주는 날엔 인상을 찌푸렸다.
코를 막고 음식을 먹다 헛구역질하기도 했다.
밥그릇을 치우고 난 후,
한 구석에 소복이 쌓여있는 채소 무덤을 볼 때마다
마음이 불편해졌다.

분명 잘 먹던 너였는데,
먹을 때 가장 행복하던 너였는데.
내가 해준 게 그렇게 별로였을까?

서운함은 원망이 되었고, 때로는 자책하는 마음이 되었다.
내가 요리를 잘 못해서,
내가 솜씨가 부족해서.
모든 게 나 때문인 것 같았다.

오늘도 너는 밥을 안 먹었다. 아니, 먹긴 먹었다.
단지 밥 한 숟가락이 입에 들어가 목구멍을 넘기기까지
남들보다 오랜 시간이 걸렸을 뿐이다.
이가 부족한 것도 아니고, 버거울 만큼 많은 양을 준 것도 아닌데
너는 얼굴을 잔뜩 구긴 채로 깨작거렸다.

째깍째깍 부지런히 움직이는 시곗바늘은
너에게만 다른 속도로 흘러갔는지도 모르겠다.
한 숟가락이라도 더 먹여야겠다는 조급한 마음과
늦을까 봐 걱정되는 불안한 마음이 충돌했다.
"이럴 거면 먹지 마!"
결국 입 밖으로 생각이 튀어 나가고 말았다.

분명 친절한 목소리는 아니었을 것이다.
어느새 너의 입술은 삐쭉거리고, 눈엔 눈물이 그렁그렁 고였다.
그 모습에 결국 주저앉고 말았다.
'좋은 엄마가 되고 싶었는데….'
오늘도 결국 실패다.

커다란 창문을 통해 햇살이 넘치도록 가득 쏟아지는 주방을 상상한 적 있다.
그 상상 속에서 너와 나는 닮은꼴 앞치마를 두르고 있었다.
함께 조리대에서 재료를 손질하며 즐거워했다.
작은 손으로 조물조물 만든 것을 내 입에 넣어주는 너,
행복한 얼굴로 너를 안아주는 나.
그리고 함께 차린 식탁에서 행복한 식사.
그 속에서 나는 좋은 엄마가 되었을 것이고,

너는 분명 안정감을 느꼈을 것이다.

하지만, 꿈은 꿈이었을 뿐.
처음부터 헛된 욕심이었는지도 모른다.

학교로, 어린이집으로
너희를 모두 떠나보낸 후, 조용해진 식탁에 홀로 앉았다.
이미 말라버린 밥알이 여기저기 흩어져 있었고,
그것들을 떼어내기 위해 있는 힘껏 식탁을 문질러야 했다.
손톱을 세워 뜯어내기도 했다.

날카로운 손톱이 어느 순간 나를 향했다.

너희에게 잘하려 애쓸수록 조급하고 예민해졌다.
예상했던 것과 다른 반응을 보이기라도 하면 불안했다.
'이게 최선이야?'
'겨우 이 정도도 못 참아?'
'그러고도 엄마야?'
내 안의 내가 끊임없이 몰아세웠다.
하지만 나아지는 건 없었다.
그럴수록 괴로운 건 나였다.

방법을 찾아야 했다.

협박해야 하나, 보상으로 꾀어야 하나.

여러 가지 경우의 수를 떠올려봤다.

어떤 방법이 나에게 그리고 너에게 적당할지 생각해야 했다.

스마트폰을 열어 검색하기 시작했다.

밥 잘 안 먹는 아이, 입 짧은 아이가 잘 먹는 음식, 반찬 투정.

맘카페와 유튜브를 오가며 정보를 모았다.

누구는 시간을 정해놓고, 그 시간이 지나면 밥을 치우라고 했다.

또 누구는 굶겨야 한다고 했다.

좋아하는 것 위주로 준비하라는 누군가도 있었다.

각자 자신의 방식대로 떠들어댔다.

그 안에서 우리의 방식을 찾아야 했다.

"밥 먹는 시간이 행복해야 합니다."

아동심리 전문가가 말했다.

우리가 마주 보고 으르렁 대는 그 시간이

과연 네게 행복이라 불릴 수 있을까?

억지로 떠넘기는 너를 보며, 나는 정말 행복할까?

내 대답은 '아니오'였다.

너 역시 비슷할 것이라는 생각이 들자
마음이 울컥했다.

비록 내 끼니는 한 번씩 건너뛸지라도
너의 것은 항상 제때 챙기려 애썼다.
아무리 귀찮아도 건강한 간식을 준비해 챙겨주었다.
너무 안 먹어도, 너무 잘 먹어도 걱정이라지만
이왕이면 잘 먹어주길 바라는 욕심이었다.

좋은 엄마가 되려는 욕심이
행복해야 할 시간을 망가뜨리고 있다는 걸 깨달았다.
내가 화가 나고, 네가 눈치를 본다면
그건 정말 좋은 게 아닌데.

그래서 결심했다.
너와 마주 앉은 자리에 내 것을 먼저 챙기기로.

내가 좋아하는 음식을 준비해 네 앞에 마주 앉았다.
내가 나를 돌보지 않으면서 너를 돌볼 수는 없었으니까.
꾹 닫힌 너의 입을 억지로 벌려 음식을 밀어 넣는 대신
나 먼저 건강해지기로 했다.

좋아하는 음식이 입에 들어가기 시작하자, 나의 마음도 조금은 관대해졌다.
너에 대한 욕심을 조금 내려놓고
그 자리에 행복을 채우고 싶었다.
내 마음이 네게 닿기를 바라며, 노력해 보기로 했다.

마주한 시간 동안 우리가 행복하길 바라며.

행복한 식사 시간을 꿈꾸기 시작한 날

+ 기억하고 싶은 한 문장 +

+ 오늘의 마음 기록 +

저희 아이는 "엄마가 해준 스파게티가 가장 맛있어. 정말 최고야!"라고 말합니다.
"오늘은 엄마가 해준 스파게티가 먹고 싶네"라며 그것에 대한 애정을 표현합니다.

대기업에서 파는 소스 맛인 걸 아직 모르나 봅니다.

비록 엄마표 소스는 아니지만, 그래도 맛있게 먹었다니 기분이 좋습니다.

당신의 아이는 어떤 음식을 좋아하나요? _____

그리고, 당신이 좋아하는 음식은 무엇인가요? _____

아이가 좋아하는 걸 챙겨주는 것도 좋지만, 내가 좋아하는 걸 잊지 않았으면 좋겠습니다.

다 괜찮은 척, 다 잘하는 척

나는 선선하던 바람이 차가워질 때쯤 태어났다.
그래서일까. 겨울이 좋았다.
붕어빵, 호떡, 어묵에서 뿜어져 나오는 따스함이 좋았고,
사람 사이의 간격이 좁아지면서 서로에게 나누어주는 온기가 좋았다.
흰 눈이 소복이 쌓인 바닥에 가장 먼저 뽀드득 발 도장을 찍는 순간이 좋았다.

하지만, 너희와 함께하면서부터 겨울이 마냥 좋지만은 않았다.
아니, 오히려 힘들었다.
내복 위에 두꺼운 옷을 입히고 그 위에 잠바를 입혀야 했다.
취향과 다른 옷을 입히기라도 하는 날에는, 설득하느라 진땀을 흘려야 했다.
장갑에 딸린 다섯 개의 구멍에 손가락 하나하나 끼워 넣는 데 꽤 오랜 시간을 써야 했다.
두 명이라 스무 개의 손가락, 내 것까지 합하면 모두 서른 개였다.

"내가! 내가!"하며 장갑 낀 손으로 잡히지 않는 지퍼를 잡고 낑낑거
릴 때마다,
벌어진 앞섶을 확 잡아 올리고 싶었다.
모자, 목도리, 마스크까지.
단 한 줌의 추위도 스며들지 못하게 하려 애썼다.
골인 지점을 코 앞에 두고, 턱밑까지 숨이 차오른 마라토너처럼
눈만 빼꼼 내민 너의 발만 부츠에 들어가면 끝낼 수 있는데…
너희는 항상 그때 말한다.
"엄마, 응가 마려워."
처음부터 다시 시작이다.
덕분에 더 이상 겨울이 좋지만은 않았다.

하지만, 너희와 함께하는 겨울은 신비로웠다.
숨넘어갈 듯 까르르 웃어대는 너희의 목소리에
'이게 그렇게 재밌나?' 하며 함께 미소를 지었다.
말라비틀어진 나뭇가지를 어디선가 찾아와
크기도 모양도 엉망인 눈사람에 깊숙이 꽂아 넣었다.
5분이면 갈 수 있는 거리를 30분이나 걸려 도착하는 동안,
너희는 모든 순간을 새로워했다.
매일 보는 풍경이지만, 어제와 다른 오늘이었다.
나보다 낮은 곳에서 바라보는 세상은, 내가 보는 것보다 넓었다.

단 하나 안타까운 점은,

나의 체력은 너희를 따라가지 못한다는 것이었다.

보슬보슬 떨어지는 눈을 피하고자 우산을 썼다.

발가락에서 시작되어 목덜미까지 서늘해지는 추위 때문에 발바닥에도 핫팩을 붙였다.

그래도 힘들었다.

아무리 목도리를 칭칭 감고, 빈틈없이 핫팩을 붙이고 있어도

차가운 공기는 그것을 요리조리 피해 가며 피부에 파고들었다.

덕분에 지독한 감기는 오롯이 내 몫이었다.

드문드문 떠오르는 어린 시절 기억 중에 아픈 날은 별로 없는 편이다.

성인이 된 후에도 마찬가지였다. 일 년에 한 번, 많으면 두 번.

그나마도 하루이틀 조금 불편한 정도였지 끙끙 앓아눕진 않았었는데.

너희와 함께하는 겨울은 힘들었다.

너희가 싫다는 건 절대 아니다.

어쩌면, 너희를 만나기 위해 나의 체력을 맞바꿨는지도 모르겠다.

그렇다고 너희를 원망하는 것도 아니다.

그저 달리기를 할 수 없게 되었고, 평소보다 추위를 더 많이 타게 됐을 뿐이다.

너희의 작은 콧구멍에 맑은 콧물 한 방울이라도 비치면 바로 병원

을 찾아갔다.

기초체온보다 몸이 뜨겁고, 기운이 없어 보이면 밤새 발을 동동거렸다.

하지만, 내 몸이 아팠을 땐 그럴 수 없었다.

너희 둘을 안고 진료를 볼 자신이 없었다.

며칠 이러다 말겠지, 대수롭지 않게 여겼다.

그 생각을 비웃듯 콧물이 계속 나왔다.

흰 휴지에 대고 코를 풀 때마다 누런 콧물이 꼬리를 길게 늘어뜨렸다.

어쩐지 목구멍도 불편했고, 볼록 튀어나온 광대뼈에선 통증이 느껴졌다.

약국에서 사 온 종합감기약이나 진통제도 효과가 없었다.

커다란 까마귀가 내 머리를 쪼아대는 것 같이 괴로웠다.

더 이상 진료를 미룰 수 없었다.

"열도 나고, 목도 많이 부었고. 무엇보다 축농증이 심하네요."

의사의 말에 '축농증이 뭐지?'라고 생각했다.

난 별로 아파본 적이 없었으니까.

"왜 이제 오셨어요? 이 정도면 수술도 생각하셔야겠는데요."

콧물이 많이 나온다고 수술이라니. 당황스러운 마음이 드는 동시에 무서웠다.

그리고, 기대됐다.

'수술하면 혼자 있을 수 있겠네.'

내가 수술받는 동안, 너희는 누구에게 부탁해야 할까.
그런데, 수술이면 입원도 하는 건가?
그랬으면 좋겠다.
짧은 순간, 많은 생각이 스쳐 지나갔다.
그때, 의사가 한마디 보탰다.

"힘들었겠어요."

무심한 그 목소리에 일시 정지 버튼이 눌렸다.
빠르게 돌아가던 생각의 회로가 멈췄다.
얼른 진료 보고 집에 가서 청소기 돌리고, 반찬 만들고, 세탁기 돌려야지, 하던 계획표에 브레이크가 걸렸다.
"맞아. 나 힘들었어."
어려운 문제의 답을 맞힌 것처럼, 마음이 벅차올랐다.
낯선 이가 던진 한마디에 위로를 받았다.

나라고 처음부터 엄마는 아니었다.
소금 적당히, 간장 적당히, 라며 척척 요리하는 나의 엄마와 달리
작은 반찬 하나 만드는 동안에도 검색창에 여러 개의 단어를 반복

해 넣어야 했다.

그럼에도 엄지손가락을 들어주는 너희 앞에서 어깨를 으쓱거렸다.

원래 잘했던 것처럼.

너희에겐 처음부터 내가 엄마였으니까.

기저귀, 물티슈, 여벌 옷에 너희를 홀릴 사탕과 젤리까지.

가득 채운 가방의 무게에 몸이 휘청이기를 반복해도

아무렇지 않은 표정으로 너희를 잡으러 달려가곤 했다.

눈을 감은 상태에서도 로봇을 자동차로 변신시킬 수 있었다.

원소주기율표는 기억하지 못하지만

수많은 공룡 이름이나 공주 이름은 외우고 있다.

설거지하다가도 종이접기를 했고

잠을 자다가도 너희 목소리가 들리면 벌떡 일어났다.

졸린 눈을 비비며 너희의 요구사항을 들어주곤 했다.

엄마는 그래야 했다.

다 괜찮고, 다 잘해야 했다.

하지만,

이런 것들이 결국 나를 혹사하고 있음을 그제야 깨달았다.

온종일 분주하게 종종거렸던 하루에

내 몸의 안녕이 가장 마지막 관심사였던,

그래서 항상 뒷전이었던 마음에 미안했다.
어쩌면 인사치레였을 그 한마디에 코끝이 시큰거렸다.

처방해 준 약을 받고 집에 돌아왔다.
현관문이 열리자마자 나를 반겨주는 말간 얼굴.
주사 덕분인지 한결 가벼워진 발걸음에
나는 또 다 괜찮은 척, 다 잘하는 척하는 엄마가 되었다.

작은 원숭이처럼 내게 매달리는 너희를 앞뒤로 안고 업고
유모차와 아기띠, 그리고 나.
이렇게 우리 셋은 한 몸이 되어 길을 나섰다.

하지만, 이제는 아니다.
오늘은 일찍 자야지. 약은 꼭 챙겨 먹어야지.
다짐해 본다.
정말 괜찮은, 정말 잘하는 엄마가 되어야지,
다짐해 본다.

나의 건강도 챙기기로 결심한 날

+ 기억하고 싶은 한 문장 +

+ 오늘의 마음 기록 +

누군가 내게 생각 없이 던진 한마디에 상처 받는 날이 있어요.
반대로 예상치 못한 말에 위로받기도 해요.
그런 날은, '나도 다정하게 말해야지'라고 결심한답니다.
혹시, 당신도 그런 적 있나요?
낯선 이에게 상처 받았거나 위로 받았던 말, 기억나세요?

이번에는 당신 스스로에게 다정하게 위로를 건네보세요.
당신이 정말 듣고 싶은 한마디는 무엇인가요?

내 안의 화, 그 감정이 무서웠다

"사탕이 두 개 있는데. 엄마가 세 개 더 줬어. 그럼, 모두 몇 개야?"
"다섯 개."
"다섯 개 중에 아빠한테 두 개 나눠줬어. 그럼 너는 몇 개 가지고 있어?"
"음…."
작은 손가락이 꿈틀거렸다.
그리고 고민에 빠졌다.
작은 주먹에 두 개를 더할지, 뺄지.
엄마인 내게는 너무나 쉬운 질문이었다.
하지만, 너는 답하지 못했다.

"아, 몰라. 재미없어."
너의 답에 한숨이 터졌다. 답답했다.
"그만할래."
흰 종이 위로 너의 검은 연필 선이 아무렇게나 그어졌다.
동그라미 안에 그려져 있던 사탕 위로 너의 분노가 그려졌다.

뚝─
이성의 끈이 끊어졌다.
"이럴 거면 하지 마!"
내 입에서 나온 목소리가 내 귀를 찢었다.
그 소리에 놀란 건 너보다 나였다.
조용히 움츠러든 작은 어깨와 눈동자.
'아차' 싶은 순간은 늘 한 박자 늦었다.

"미안해, 엄마."
주눅 든 너의 목소리에 얼굴이 달아올랐다.
이까짓 한글이 뭐라고, 이까짓 덧셈이 뭐라고.
세상에 단 하나뿐인 너에게, 나는 왜 이렇게 못나게 굴어야 했을까.
"미안하면 똑바로 해!"
무안함은 화로 되돌아왔다.
화내는 내가 낯설었다. 무서웠다.
화난 나를 바라보는 너의 눈이 더 무서웠다.

오래전 술을 즐기던 때가 떠올랐다.
위로한다고, 이해한다고, 축하한다고, 잘될 거라고.
온갖 이유를 붙여가며 넘치도록 채우던 잔.
어느 순간 기억은 끊기고,

눈을 떴을 땐 후회만 남았다.

오늘도 그랬다.
기억은 조각났고, 감정만 남았다.
미안함과 자책,
그리고 화.

나는 순한 사람이었다.
억울해도 참았고, 화내야 하는 순간에도 참았다.
참는 게 편했다.
하지만, 결국 꾹꾹 눌린 화는 나를 갉아먹고 위장병을 남겼다.
그런 내가, 엄마가 되니 터졌다.
한계였다. 더 이상 참지 못하고 쏟아졌다.
어린 너에게.
말이라는 이름의 뾰족한 폭력으로.

그 순간 나는 '우산'이 아니었다.
비를 피하게 해주어야 할 그 우산을
내가 걷어들고, 오히려 물을 퍼부었다.
너의 작은 어깨가 더 작아지는 걸 보며
잠시 우월감을 느꼈는지도 모른다.

이 집의 미친 사람은 나였다.

"엄마, 미안해."
너의 손이 내 품을 향해 왔다.
그 작디작은 너의 손이,
내 등을 토닥였다.
아직 내 어깨만큼도 닿지 않은 너의 몸이
온 팔을 벌려 나를 품어 주었다.
그제야 나도 울었다.
"엄마도 미안해. 정말 미안해."
겨우 한마디 뱉었다.
"엄마는 네가 싫어서 그런 게 아니야. 엄마가 조금 서툴렀어."
마음을 가득 담아 너에게 전했다
나를 인정하기로 했다.

"그러니까 너도 이제 공부 열심히 하자."
결국 잔소리로 끝맺었다.
회사였다면, 나는 권고사직 감이었다.
퇴직금도 못 받고 잘릴 만큼.

문득 나의 엄마가 떠올랐다.

네가 울 때마다
"내 딸 힘들게 하지 마!"라고 하던 그 목소리.
그럼에도 너를 사랑하는 마음이 담긴 눈빛.
엄마도 나처럼 후회하고 울었을까.
그동안 몰랐던 자신을 발견하고, 내게 용기를 구했을까.
그리고, 자신을 꾸짖었을까.

엄마니까 견뎌야 했던 엄마의 시간을,
엄마가 된 지금에야 조금씩 알아간다.
'육아가 이런 거였어요?'
엄마를 떠올리며 나지막이 중얼거린다.

잠든 너를 뒤로한 채 방을 나왔다.
우리의 전쟁을 지켜봤던 쓰레기를 치우며
오늘의 나를 쓰레기처럼 느꼈다.
할 수만 있다면
실망과 서운함, 미안함과 죄책감의 조각마저 모두 담아
한꺼번에 쓸어 버리고 싶었다.

한숨이 나오려던 찰나,
화이트보드에 적힌 너의 글씨가 눈에 들어왔다.

"엄마 쏘리. 미한해. 엄마 미한해요."
여전히 맞춤법은 엉망에, 글씨도 삐뚤빼뚤했지만
너의 마음은 무엇보다 올곧았다.
절대 나를 탓하지 않았다.

오늘, 너의 삐뚤어진 글씨에서
너의 마음을 읽었다.
이미 과분한 사랑을 주고도
한 스푼 더 얹어주는,
어쩌면 나보다 성숙한 네 덕에
나는 조금 더 자랐다.
이렇게 엄마가 되어간다.

아이에게 진심을 담은 말을 배운 날

+ 기억하고 싶은 한 문장 +

+ 오늘의 마음 기록 +

'오늘은 화내지 말아야지' 결심했지만, 결국 또 실패했어요.
딱 한 번만 참으면 될 것 같은데, 그 경계에서 늘 무너지고 말아요.
당신은 오늘 상냥한 엄마 되었는지 궁금해요.
오늘 아이에게 가장 미안했던 순간은 언제였나요?

감정을 누르지 않고, 이해할 수 있었던 건 언제였나요?

사과하는 것도, 화해하는 것도, 용기가 많이 필요해요.
시간이 오래 지나면 지날수록 더 많은 양이 필요하지요.
그러니, 너무 늦지 말아요.

엄마도 울고 싶었다

"지금의 나라면 그러지 않았을 것이다."
"너만 겪는 거 아니야."
"시간이 지나면 다들 괜찮아져."
이런 무심한 말은 참았을 것이다.

시간을 되돌려 그때로 돌아갈 수 있다면,
어떤 말을 할 수 있을까?
알 수 없다.

나도 처음이었으니까,
나도 울고 싶었으니까.

초등학교 입학 통지서를 받던 날,
윗니가 빠져 구멍 숭숭 뚫린 입을 벌린 채 너는 활짝 웃었다.
새로운 시작을 앞둔 설렘이었다.
고작 하룻밤 사이에

일곱 살에서 여덟 살이 되었다.
그리고 초등학생이 되었다.
초등학생 형님이 된다는 두근거림 탓이었을까,
새로운 변화에 대한 기대감 탓이었을까.
자기 몸만 한 책가방을 메고
교문까지 뻗은 기다란 길을 단숨에 달려갔다.
직접 고른 파란 가방이
네 등에 바짝 업혀 있었다.
너의 설렘이 내게 번져 미소가 되었다.

초등학교는 네게 무척이나 컸다.
고작해야 두 개의 층과 놀이터가 전부였던 그동안의 세계에서,
네 개의 층과 거대한 운동장, 그리고 체육관과 급식실까지.
너의 세계가 순식간에 넓어졌다.
그리고 모든 게 낯설었다.

지금까지의 설렘은 순식간에 긴장감과 두려움으로 바뀌었다.

처음 보는 아이와 나란히 앉아야 했고,
선생님은 7세 반 선생님보다 엄격했다.
울먹거리는 친구 곁에서

애써 눈물을 꾹꾹 참았을지도 모른다.
입학식이 끝나고, 긴장 풀 틈도 없이
내 손에 이끌려 돌봄교실에 가야 했다.

괜찮다고 생각했다.
누구나 다 겪는 일이니까.
3월과 입학은 모두에게 힘든 시간일 테니까.

하지만, 나는 몰랐다.
바짝 긴장된 눈동자를 뒤로하고
괜찮다고, 괜찮다고,
어쩌면, 모른 척 외면했다.
흔들리는 눈동자에 숨겨진 너의 불안함보다
턱 밑까지 차오른 나의 바쁨이
더 크게 느껴졌으니까.

'일하는 엄마'라는 이름표가 네 눈에도 보였을까.
나를 따라 너도, 너의 마음을 숨겼나 보다.

하지만 한없이 작기만 했던 네게
차마 숨겨지지 않을 정도로

두려운 마음이 커서 넘쳐흘렀다.
두 손을 아무리 오므려도
틈새로 물이 주르륵 흘러내리는 것처럼
너의 마음도 결국 넘쳐흐르고 말았다.
예민해졌다. 작은 일에도 화를 내고, 크게 반응했다.
그리고 표현하기 시작했다.
알 수 없는 소리를 내고, 얼굴을 찡그렸다.
다만, 너만 인지하지 못하고 있을 뿐이었다.
사람들은 그걸 틱이라고 불렀다.

처음엔 무척 놀랐다.
낯선 너의 모습에 덜컥 겁이 나기도 했다.
그리고, 미안했다.
너의 힘듦을 몰랐던 내가 원망스러웠다.
얼마나 불안했으면, 얼마나 긴장됐으면.
섬세한 너의 마음을 헤아리지 못한 내가 한심했다.
이런 나도 엄마라고 안기는 네게
미안하고 고마웠다.

"그 시기 남자애들한테는 흔한 일이야."
모두 대수롭지 않게 여겼다.

가벼운 감기처럼,
살짝 왔다 금세 사라질 거라고 했다.
그 말이 반은 맞고, 반은 틀렸다.
문제는 너에겐 틀린 쪽에 해당한다는 것이었다.

너의 예민함은 가볍지 않았다.
쉽게 사라지지도 않았다.
오히려 몸뚱이를 키워
네게 자리 잡으려 했다.
너를 잡아먹으려 했다.
결국, 우리는 상담 센터를 찾아가
오랜 시간 검사를 받았다.

등 뒤에서 '쿵' 닫히는 문소리가 무거웠다.
스르륵 문이 닫히자,
내 몸도 힘없이 주르륵 미끄러졌다.
거울 속에 비친 내 모습에 흰머리가 한 움큼 있었다.
애써 울음을 참고 있는 얼굴이 보였다.
내 얼굴 속에 네가 있었다.

나도 울고 싶었다.

깨달은 순간, 울음이 터졌다.
미안함과 죄책감, 불안함, 그리고 두려움이
한꺼번에 터져 나왔다.

검사 결과 틱이 맞다고 했다.
심리적인 문제라 완치라는 개념이 없다고 덧붙였다.
대신, 자신의 감정을 마주하고
이해하며 받아들이는 훈련을 시킬 거라고 했다.
불안함을 인정할 수 있어야
받아들일 수도, 이겨낼 수도 있다고 했다.

한바탕 울음을 터뜨린 후에야
내 마음을 마주할 수 있었다.
상황을 인정하고, 감정에 솔직해졌다.
동시에 힘이 생겼다.

네가 노력하는 만큼, 나도 잘 해낼 거라고.
다시 일어설 거라고.
네 손을 놓지 않을 거라고 다짐했다.
나는 엄마니까.

아이의 감정을 이해하게 된 날

+ 기억하고 싶은 한 문장 +

_____

+ 오늘의 마음 기록 +

마음이 너무 복잡한 날이었어요.
그냥 아무 동영상이나 틀어놨는데, 그것을 보다가 눈물이 왈칵 쏟아졌어요.
내용은 기억나지 않지만, 한참 울고 나니 마음이 후련해지더라고요.
요즘 당신의 마음은 어떤가요? 혹시 최근에 울고 싶었던 때가 있었나요?
그 마음은 어떻게 해소되었나요?

_____

가끔은 내 마음을 마주하고, 있는 그대로 인정해 주세요.
잊지 마세요. 그 모습도 '나'라는 것을.

✽ 2장 ✽

"괜찮아"라는 말로 덮어둔 감정들

"고객님의 생일을 진심으로 축하합니다.
항상 건강하고 행복하세요."

하나씩 쌓여가는 광고 문자가
올해도 가장 먼저 생일을 축하해 주었다.
'뭐 대단한 날이라고.'
발신인이 맘에 안 들기도 했지만,
언젠가부터 감흥이 없어진 것도 사실이다.

식은 밥을 전자레인지에 돌리며
휴대전화 화면을 바닥으로 엎어 버렸다.
"괜찮아, 어차피 케이크 좋아하지도 않아." 라며
아무도 묻지 않은 취향을 되뇌였다.

문득, 생일을 며칠 남겨둔 어느 날의 네가 떠올랐다.

"이번 생일에는 친구들 초대해서 파티해 주면 안 돼?"
너는 조심스레 물었다.
최근 친구들 생일 파티에 종종 초대받았던 터라
내심 부러웠구나, 싶었다.

내가 네 나이 때쯤,
색종이에 그림을 그려가며
생일파티 초대장을 만들던 기억이 있다.
엄마가 정성껏 준비해 준 음식을 먹고
이 세상에 태어났음을 축하받았다.

오래된 기억 속 생일 파티에 비하면
너의 친구들 생일 파티는 상당히 근사했다.
네 친구들 부모님은
너희를 뷔페에 데려갔고, 파티룸을 빌렸다.
'너도 그렇게 해보고 싶었구나'라는 생각보다
'부담스럽다'라는 게 솔직한 심정이었다.
그건 남편 역시 마찬가지였다.

여러 가지 핑계로
너의 소망을 외면하기로 했지만,

서운해하는 표정에 마음이 불편해졌다.
파티의 규모가 부모 사랑의 크기와 비례하는 건 아닌데
어쩐지 엄마로서 나는 작아질 수밖에 없었다.

"생일이 뭐 대단한 날이라고."
입을 삐쭉대는 너를 달래던 내게
남편의 무심한 한마디가 달려와 박혔다.
너의 마음을 할퀴고, 나의 마음을 찢었다.
"괜찮아, 엄마가 다음에 꼭 해줄게."
너를 토닥였다.
그것은 나를 향한 토닥임이었다.

남편은 그다지 섬세한 사람이 아니다.
불같이 타오르며 돌진하는 탓에,
주변을 돌보지 못한다.
자기 몸에서 떨어져 나온 불씨 하나에
우리 마음이 타고 있는 줄도 몰랐다.

서운했고, 원망스러웠다.
꼭 그렇게 말해야 했을까.
어린 너의 마음을 이렇게 모른 척해야만 했을까.

"생일이 뭐 별건가. 우린 그런 거 안 챙기잖아. 그치?"

내게 동의를 구하는 듯한 그 말에 더 화가 났다.
양가 부모님 생신이나 기념일쯤이면
남편은 불편한 기색이 역력했다.
점점 얇아지는 지갑 두께를 감내해야 하는 자리였기 때문이었을까.
어쩌면 무심함을 가장한 미안함이었는지도 모른다.
하지만, 너에게는 그러지 않았으면 했다.

"우리라니. 난 아닌데?"
뾰족한 말이 입 밖으로 튀어 나왔다.
"나는 챙기고 싶어. 챙김 받고 싶어.
그냥 당신이 귀찮아해서 참았던 것뿐이야."
그동안 꾹꾹 참아왔던 말들이 줄지어 나왔다.
공격적인 내 말에 당황한 남편의 입에서
생각지도 못한 말이 나왔다.

"네가 싫다며."

그제야 기억났다.
셋이 되어 처음 맞은 나의 생일날.

무뚝뚝한 이 남자가 커다란 꽃다발을 사 들고 왔던 그날.
하필이면 네가 너무 어려서 나는 지쳐 있었고,
하필이면 너의 입에 이유식을 넣어주고 있었다.

"이런 거 사러 갈 시간에 빨리 와서 애나 좀 봐주지."
꽃다발을 들고 서 있던 그를 원망했다.
그말에 남편은 얼마나 머쓱했을까.
'이걸 사 가면 무척 좋아하겠지?'
라며 설렜을 텐데.
차갑게 식어버린 그때의 나는 얼마나 매정했던가.

고맙다고, 기쁘다고, 한마디 해줄 걸.
먹지도 못하는 이딴 걸 뭐 하러 사 왔냐고
볼멘소리가 튀어 나왔던 것 같다.
기뻐할 나를 상상했을 그 얼굴을 향해
바닥난 체력을 핑계 삼아 고작 그런 말이나 해댔다.

결혼 후, 변한 건 남편이 아니라 나였다.

이제부터 그의 생일을 챙겨줘야겠다.
잔뜩 속상했을 그의 마음이 다시 풀어지길 바라며

우리의 생일을 축하해야겠다.

외출한 김에 꽃 한 다발을 샀다.
꽃병도 딱히 없던 터라
사용하지 않는 텀블러를 꺼내
그 안에 정성껏 꽂아 넣었다.
남편이 물었다.

"웬 꽃다발? 누가 사줬어?"
"남편이 사줬어. 당신 카드로 샀으니까, 남편이 사준 거지.
내 생일 축하한대."

남편에게 두 번째 꽃다발을 받은 날

+ 기억하고 싶은 한 문장 +

+ 오늘의 마음 기록 +

엄마가 되고 나니, 내 생일을 챙긴다는 게 왠지 어렵더라고요.
하지만, 이제는 나부터 내 생일을 챙기려 해요.
돌아오는 당신의 생일에 받고 싶은 선물이 무엇인가요?

돌아오는 남편 생일에는 어떤 선물을 해주고 싶으세요?

꼭 선물을 받고, 줄 수 있길 바랄게요.
원하는 걸 받지 못해도, 너무 서운해하지 말기로 해요.
잊지 말아요. 우리는 서로에게 가족이라는 이름을 선물해준 사이라는 걸.

다들 잘하는데, 왜 나만 못 견디는 걸까

화장실 변기에 앉았을 때
흰 꼬리 한 칸을 덜렁덜렁 흔드는 휴지가 보였다.
현관 앞에 정돈되지 않은 신발들,
한 걸음 내디딜 때마다 밟히는 레고 조각,
쓰레기통 앞에 굴러다니는 휴지 조각까지.

"이런 건 나만 보이는 거야?"

제멋대로 뒤섞여있는 장난감을 상자에 넣었다.
이 집에 나 혼자만 사는 게 아닌데,
나 혼자 쓴 물건들이 아닌데,
나만 항상 바쁘다.
"차라리 가사 도우미 일을 하면, 돈이라도 받지."
날 선 말이 입 밖으로 빠져나가더니, 다시 귀로 돌아왔다.
입 밖으로 나갈 때는 그저 말이었던 것이,
돌아올 때는 한숨이 되어 있었다.

너희는 각자의 세상을 살고 있었다.
누워서 텔레비전을 보고, 그 옆에서 비스듬히 기댄 채 스마트폰을 보고 있었다.
에라, 모르겠다. 나도 침대에 벌러덩 누워 스마트폰을 꺼냈다.
나뒹구는 베개와 이불은 잠시 모른 척하기로 했다.

하지만, 스마트폰 속 세상은 나의 현실과 달랐다.

아이가 네 명이나 된다는 엄마의 등원룩이 시작이었다.
바쁜 아침 시간이라, 선크림과 틴트만 대충 바르고 나간다는 그녀는 언뜻 보기에도 예쁘고 어려 보였다. 심지어 날씬하기까지 했다.
고작 둘 키우는 나는 모자만 대충 눌러쓰고 다녔는데.

다음은 오직 집 공부로만 아이를 키운다는 엄마가 따라붙었다.
하루 종일 영어 흘려듣기를 하고,
영상 노출도 오직 영어뿐이다.
저렇게까지 해야 하나, 싶었지만
영어를 능숙하게 말하는 그 집 아이들을 보니 부러웠다.
숏츠나 보며 키득거리는 너희들의 목소리가 들리자, 마음이 조급해졌다.
운동을 좋아하는 아빠가 그 뒤를 이었다.

몸매도 훌륭했지만, 자상하기까지 했다. 아이들도 아빠를 좋아했다.
주말마다 아이와 함께 시간을 보낸다고 했다.
캠핑도 가고, 함께 운동하며 좋은 관계를 만들려 애쓰고 있단다.
텔레비전에 축구 중계를 틀어놓고, 스마트폰으로 야구를 보던 남편이 떠올랐다.
그렇게 좋으면 한 번쯤은 해볼 법도 할 텐데.
당신의 취미는 그저 눈으로만 즐기는 건가 보다.

슬금슬금 불쾌한 감정이 손끝을 타고 올라왔다.

그들이 부러워 손가락을 한 번 움직이면
그들보다 더한 사람들이 나타났다.
쉬지 않고 밀려오는 알고리즘에 빠져 허우적거렸다.
그것들은 온통 나의 부족한 부분만을 골라 지적했다.
왜 나만 그렇게 살고 있냐고 비웃었다.

SNS뿐만이 아니었다.
얼굴도 모르는 이의 블로그부터, 소아과 의사보다 믿음 가는 맘카페 회원들까지.
그들의 삶은 항상 완벽했다.
잘 만들어진 드라마 속 주인공 같았다.

항상 부지런했고, 사랑받았으며, 풍요로웠고, 행복해 보였다.
나와 달랐다.

이렇게 도태된 삶을 살고 싶지 않았다.
그들만큼은 아니더라도, 지금보다는 나은 삶을 살고 싶었다.

"날도 좋은데, 공원이라도 다녀오자."
너희를 향해 외쳤지만, 모두 시큰둥했다.
오기가 생겼다.
서둘러 외출준비를 했다. 잔소리도 빼먹지 않았다.
소파에 가로로 누워있는 남편을 일으켜 세웠다.
텔레비전 전원을 끄자, 언성을 높이는 너희를 잡아끌었다.
나무늘보 같은 세 사람을 현관 밖까지 내보내느라
온 힘을 다 써야 했다.
"막상 나가면 잘 놀 거잖아."
어르고 달랬지만 내심 불안했다. 정말 잘 놀 수 있을지 자신 없었기 때문이다.

급하게 검색한 공원은 가는 길부터 막혔다.
주차장은 이미 꽉 차 있었고, 너희들은 배고파했다.
겨우 공원에 도착했을 땐, 햇살이 너무 뜨거웠다.

가만히 있어도 땀이 주르륵 흘러내려
그나마 남아있던 체력을 모두 쏠어 버렸다.
상상했던 그림이 나오지 않은 건 어쩌면 당연했다.
그저 내 욕심이었으니까.

"내가 나 좋자고 나온 거야?"
어디선가 앙칼진 목소리가 들렸다.
익숙한 말투와 문장.
피식, 웃음이 새어 나왔다.
나 같은 사람이 또 있었네.

놀이동산에 가면 대여섯 시쯤 비슷한 목소리가 여기저기서 들린다.
개장과 동시에 달려 들어왔을 그녀들은
아이들의 행복한 얼굴 하나 보겠다고 이른 시간부터 서둘렀을 것이다.
그 와중에 조금이라도 아껴보고자 도시락까지 쌌을 테고.

하지만 시간이 흐를수록 어깨에 둘러멘 가방은 무거워지고
이미 지쳤으면서, 더 놀겠다고 고집부리는 아이들은
"엄마 미워!"라고 외친다.
내가 이 꼴 보자고 여기까지 왔을까, 후회했겠지.
돈은 돈대로, 체력은 체력대로 다 쓰고

기분만 상해버린 게 마지막 기억이 아니길 바라며 끝까지 참으려 애쓴다.

아무리 "집에 가자, 늦었다, 밥 먹을 시간이다"를 목 놓아 외쳐도
그것은 소리 없는 아우성일 뿐.
놀이터에서 뛰어노는 아이들의 귓가에
가까이 다가가지 못한다.
어둠이 깔리고 같이 놀던 친구들이 돌아간 후에도
"아직 다 못 놀았어"라며 그네에 올라타는 아이.
'얼른 집에 가서 밥도 해야 하는데, 땀투성이인 몸부터 씻겨야 할까, 나도 빨리 씻고 싶다.'
수많은 생각이 머릿속을 들쑤시고 있었다.
어린이집 가방에서 퀴퀴한 냄새를 풍기고 있을 식판을 떠올리며
초조하기도 했을 것이다. 그러다 폭발한다.

그들이 너무 나 같고,
내가 몹시 그들 같았다.

알고 있다. 스마트폰 세상은 대부분이 만들어진 것이라는 걸.
예쁘게 플레이팅 된 그릇 너머로, 엉망인 싱크대가 있을 것이다.
꾸민 듯 안 꾸민 자연스러움을 연출하기 위해

몇 시간 전부터 소리죽여 준비했겠지.
행복한 여행지의 모습을 담아내기 위해,
당신들은 얼마나 많은 NG 컷을 찍어내야 했을까.

카메라 앵글 바깥세상은 분명 현실일 텐데.
그런 그들에게 오늘도 속고 말았다.

우린 어쩌면 잘못된 곳에서 노력하고 있었는지도 모른다.

그래, 뱁새와 황새는 애초에 다른 종이지만.
누가 더 이상해 보이는지는 생각하기 나름이었다.
스마트폰 화면 속의 누군가를 쫓기보다
우리는 우리의 발걸음을 찾아야 했다.

"냉면이나 먹으러 가자. 내가 쏠게."
돗자리를 접으며 내가 말했다.
너희는 신나했고, 남편의 얼굴도 조금 펴졌다.

....SNS 밖에서 우리의 세상을 찾은 날

+ 기억하고 싶은 한 문장 +

_____

+ 오늘의 마음 기록 +

저는 요즘 다이어트 관련 영상을 가장 많이 보고 있어요.
하루 5분만 따라 하면 자신처럼 날씬해진다는데
아무리 5분을 투자해도 달라지지 않네요.
이것만 먹으면 배가 홀쭉해진다는데, 그 돈 들여봐야 또 속는 거겠죠?
당신이 요즘 관심 있는 분야는 무엇인가요?

_____

혹시 하루 종일 그것만 보고 있는 건 아니죠?
가끔은 액정 속 친절한 얼굴 말고,
시선이 닿는 곳에 있는 사람과 직접 눈을 마주쳐 보는 건 어때요?

밤마다 나는 무너지고 있었다

눈을 감고 있었다.
분명 잠을 자고 있다고 생각했다.
너희들이 뒤척이는 소리를 자장가 삼아
나는 분명 자고 있었다.

우우웅. 미세한 떨림이 느껴졌다.
꿈이었을까, 현실이었을까.
멈추지 않는 소리에 눈이 떠졌다.

"회식이라 늦어."
휴대전화를 통해 전해지는 일방적인 통보에
꿈속에서 헤매던 정신이 현실로 돌아왔다.

어둠이 조금씩 익숙해질 때쯤
너희들이 보였다.
언제 돌아올지 모를 남편을 위해 켜두었던 불빛이

방문 틈 사이를 비집고 들어와 너희를 비췄다.
얼마나 굴러 다녔는지,
잠옷은 가슴까지 올라가 있어 동그란 배꼽과 눈이 마주쳤다.
잠든 너희를 깨울까 봐 겁나서 돌돌 말린 이불은 그대로 두고
숨죽여 내복을 당겨 배를 덮어줄 뿐이다.
팔을 휘적이는 너희 가슴에 손을 얹어
깨지 말아 달라고 토닥토닥 가슴을 쓰다듬었다.

회식이라 늦는다던 남편의 말이 머릿속을 맴돌았다.
좋겠다. 부럽다. 나도 밖에서 밥 먹고 싶은데. 나도 애들 없이 나가고 싶은데.

회식이라는 단어마저 생소하게 느껴졌다.
분명 내게도 그런 때가 있었는데,
그때는 회식을 좋아했던가, 싫어했던가.
그것이 꿈이었는지, 지금이 꿈인 건지
도통 구분이 되지 않았다.

주섬주섬 일어나 거실로 나왔다.
닫힌 문에 귀를 대고 너희들이 깨지 않았음을
확인하고, 또 확인했다.

그제야 뭉개진 밥풀이 보였다.
바짝 말라비틀어진 것을 잡아당겨 바닥에 던졌는데,
그게 꼭 내 모습 같아 순간 울컥했다.

그러고 보니 기저귀도 사야 하고, 물티슈도 사야 하는데.
정리가 덜 된 장난감을 제자리에 넣으며
하나씩 장바구니를 채웠다.
어린이 샴푸도 얼마 안 남았던데,
생필품은 꼭 한 번에 떨어지더라.
어느새 묵직해진 장바구니 목록에 한숨이 나온다.

숫자를 꾹꾹 눌러 카드 번호를 입력했다.
결제가 완료되었다는 메시지가 사라지기 무섭게
남편으로부터 또 연락이 왔다.
"돈 좀 아껴 쓰자. 이번 달 빠듯해."
빚쟁이에게 독촉 메시지라도 받은 것처럼 얼굴이 화끈 달아올랐다.
그것 중에 나의 것은 없었는데,
무엇 때문인지 빠듯한 살림이 내 탓 같았다.
내 노동의 대가가 더 이상 돈으로 환산되지 않았기 때문일까.
경력 단절이라는 이름표를 건 나는, 자꾸만 작아졌다.
이 모든 게 너희 탓 같았다.

너희들 때문에 나의 모든 것이 멈춰버린 것 같았다.
분명 너희를 사랑한다. 그건 의심의 여지가 없다.
그렇기에 너희를 탓하는 내가 너무 싫었다.
힘들어하는 마음을 가진 것만으로 너무나 미안했다.
사랑하지만 힘들다. 힘들어서 미안하다. 그래도 사랑한다.
영원히 끊어지지 않는 고리처럼,
생각은 제자리를 뱅뱅 돌기만 했다.

너희를 탓하는 내가 미웠다.
이런 내 마음을 몰라주는 그가 원망스러웠다.
너희를 미워하지 않기 위해
그를 원망하고 나를 미워해야 했다.
조금씩 나를 향해 돌을 던져야 했다.

처음에는 그저 작은 긁힘 정도였다.
하지만 상처가 아물기 전, 새로운 상처가 더해지기 시작했고,
어느 순간부터 고통이 되었다.

누군가를 만나길 꺼리게 됐다.
'커피 한잔 마시자'하는 이웃집 엄마에게도
'다음에 마셔요'하며 도망치기 일쑤였다.

새로운 관계를 만드는 일은 더욱 불가능했다.
아무도 지적하지 않은 나의 속사정을 누군가 눈치챌까 봐
자꾸 웅크리고 도망가기만 했다.

창문을 닫고, 문을 꼭꼭 걸어 잠갔다.
아무도 나를 보지 못하게.
아무도 우리의 공간에 들어오지 못하도록.
나 자신을 누구와도 비교하지 않기 위해
차라리 외로움을 택하기로 했다.

그럼에도 너희는 불편한 기색을 보이지 않았다.
집 앞 놀이터에서 부는 비눗방울에도
세상을 다 가진 것처럼 행복한 표정을 지었다.
작은 공원을 산책하며 재잘재잘 떠들었다.
사소한 것 하나에도 행복해 보였다.
그러던 너희가 한참을 웅크리고 앉아 있었다.
내게 다가오지 않음에 충분히 만족하던 찰나였다.
내 마음의 크기가 너무 작아
도저히 너희를 품을 수 없던 순간이었다.

"엄마랑 같이 있으니까 좋아.

엄마가 내 엄마라서 행복해.
엄마, 너무 사랑해."

수줍게 건네는 작은 들꽃에서 너희의 마음이 느껴졌다.
너희는 나의 무심함을 원망하지 않았다.
어제보다, 오늘 아침보다, 조금 전보다
더 큰 사랑을 표현해 주었다.
옹졸한 나의 마음에 비해
더없이 넓은 너희들이었다.

매일 반복되는 나의 수고에 대한
세상에서 가장 값진 진심이었다.

너희들이 모두 잠든 밤,
작은 들꽃을 조용히 들여다봤다.
작은 꽃송이 안에 너희가 있었다.

커다란 꽃다발이 아니어도 괜찮다.
너희들이 있기에 나는 내일을 살아갈 것이다.
나를 무너뜨리던 밤이, 나를 일으켜 세웠다.

.... 아이에게 들꽃을 선물 받은 날

+ 기억하고 싶은 한 문장 +

+ 오늘의 마음 기록 +

그런 날 있지 않아요? 잠깐 깼는데 잠이 오지 않는 날이요.
아무리 눈을 감아도 다시 잘 수 없을 때, 저는 웹툰을 봐요.
침대에 누워 손가락을 움직이다 보면 어느새 잠이 들곤 해요. 물론,
그렇지 않은 날도 있지만요.
당신은 홀로 깨어있는 시간에 주로 무엇을 하나요?

밤이라는 시간은, 사람을 감성적으로 만들곤 해요.
혹시 밤마다 마음에 흙탕물이 휘몰아친다면,
차라리 눈을 감고 명상을 해보는 것도 도움이 될 거예요

사랑한다고 말할 힘도 없었다

시누이가 아이를 낳았다.
워낙 사이가 돈독한 탓이었을까.
남편은 당장 병원에 가야겠다고 성화였다.
그것이 가족으로서, 오빠로서 해야 할 도리라며
갓 출산한 산모에게 무엇이 필요하냐고 내게 물었다.

"다 필요 없으니까, 제발 가지 마. 애 낳고 나서는 안 와주는 게 제일 고맙더라."

한두 번 힘주면 네가 뿅 태어나는 줄 알았다.
초원의 젖소처럼 평온한 수유 시간을 가질 수 있는 줄 알았다.
퇴근하고 돌아오면 아빠가 너를 돌보고
그동안 나는 운동을 하거나 책을 읽을 수 있을 줄 알았다.
당연히, 잠도 적당히 잘 수 있을 줄 알았다.

경험해 보지 못한 자의

웃기지도 않은 상상이었다.

너를 만나고 난 후,
많은 것이 달라졌다.
고작 50cm밖에 되지 않던 네가
내 삶에 가장 큰 지분을 차지했다.

잠에서 깨기 위해 알람을 맞추는 짓 따위 하지 않았다.
출근해야 할 필요도 없었고,
급한 약속이 있던 것도 아니었으니까.
하지만, 네 울음소리가 들리면
눈이 번쩍 떠졌다.
의무감이었을까, 모성애였을까.
누군가 붙여놓은 이름 따위가 무슨 소용이겠냐마는.

제대로 떠지지 않는 눈으로
네 목소리를 쫓아야 했다.
너를 만난 날 엉망이 되어버린 몸뚱이는
똑바로 앉는 것조차 힘들었지만,
어둠 속에서 기어이 너를 찾아내 기저귀를 확인했다.
시큰거리는 손목 통증을 참으며

너를 품에 안았다.

머리를 감을 때마다
숭덩숭덩 빠지는 새까만 머리카락이 무서웠다.
아무리 로션을 발라도 몸이 간지러워
피가 날 때까지 긁기도 했다.
면역력이 떨어져서 그렇다고 했다.
시간이 지나면 다 돌아온다고 했다.

시간이, 지나긴 할까?
이 순간이 영원히 끝나지 않을 것 같아 두려웠다.
내 마음대로 할 수 있는 게 아무것도 없어서
나 자신이 너무나 한심하게 느껴졌다.

아기는 숨만 쉬어도 사랑스럽다던데
나는 너무나 힘들어서
너를 사랑하기가 어려웠다.

내 품에 안겨 가슴을 꽉 깨물 때마다
어금니를 깨물며 참아야 했다.
눈물이 그렁그렁 맺혀도

불안정한 마음이 네게 영향을 끼칠까 봐
아프다는 생각이 드는 것 자체가 죄책감이었다.

나의 부족한 모성애를 들키는 것 같아
그게 너무 무서웠다.

"누구나 겪는 일이다"라는 말이
얼마나 잔인한 것인지
얼마나 가혹한 것인지
그제야 알았다.

그래서였을까.
나는 너를 보며 웃을 수 없었다.
잠든 네 눈썹을 쓰다듬어 주지도
포도송이 같은 발가락을 만져보지도 않았다.
너를 둘러싼 그 무심한 말에 휘둘려
네가 마냥 예쁘지만은 않았다.
사랑한다고 말할 힘도 없었다.

잠든 너를 멍하니 바라보다
까무룩 잠이 들곤 했다.

그게 내가 할 수 있는 전부였다.

그러던 어느 날, 친구가 찾아왔다.
아무도 들이지 않던 우리의 동굴을
꾸역꾸역 비집고 들어왔다.
제대로 앉을 곳조차 없던 작은 공간이
그녀로 인해 꽉 채워졌다.

그녀는 나보다 한참 일찍 이 시간을 보냈다.
고작 스물여섯, 노는 게 너무나 좋았던 나는,
품 안에 작은 생명체를 끌어안고 있던
변해버린 그녀의 모습이 무척이나 낯설었던 기억이 있다.

누구보다 빛나던 그녀였는데.
누구보다 해맑던 그녀였는데.
스물여섯의 그녀는 더 이상 내 친구가 아니었다.
엄마였다.

그녀는 엉망이 되어버린 내 모습을 보며 웃었다.
하지만, 눈은 웃지 않았다.
"힘들지?"라고 조심스레 한마디 건넸다.

이미 한참 전에 끝난 자신의 이야기를 털어놓으며
"나도 정말 힘들었어"라고 덧붙였다.

그때의 나는 듣지 못했던
엄마였던 그녀의 이야기가 그제야 들렸다.

너만 그런 게 아니야.
네가 이상한 게 아니야.
힘든 게 당연해.

그녀의 말에 코끝이 시렸다.
고장 난 수도꼭지처럼 눈물이 쏟아지기 시작했다.

당시의 나보다 훌쩍 어른이 되어버린 그녀는
나의 눈물이 그치길 기다려 주었다.
그리고 입을 열었다.
먼저 엄마가 된 그녀가 끊임없이 내게 말을 건넸다.

"애 많이 썼어. 지금 충분히 잘하고 있어."

친구였던 우리가 엄마가 되어 만난 날

+ 기억하고 싶은 한 문장 +

+ 오늘의 마음 기록 +

"엄마, 사랑해."
이렇게 아이는 하루에도 수차례 사랑을 고백해요.
"그런데, 엄마는 왜 사랑한다고 말 안 해줘."
끊임없이 사랑을 확인받고 싶어 해서, 가끔은 버겁기도 해요.
사랑한다고 말하지 않은 순간에도, 충분히 사랑하고 있으니까요.
다만, 오늘의 사랑을 모두 쏟아낸 탓에 말로 나눌 만큼 남아있지 않은 것뿐이에요.
괜찮아요. 당신은 정말 잘하고 있어요.
오늘 하루도 육아라는 전쟁에 힘들었을 당신,
지금 가장 듣고 싶은 말은 무엇인가요?

＊ 3장 ＊

새벽 4시 반, 마음의 틈을 만나다

세계적으로 전염병이 돌았다.
아이들은 학교에 가지 못했고,
놀이터에서는 더 이상 웃음소리가 들리지 않았다.
많은 회사가 재택근무로 전환했고
사람들은 서로 만나는 걸 피했다.
계속되는 이 상황을 견디지 못한 식당 사장님들 중에는
생업을 포기하는 사람도 있었다.

처음에는 견딜만했다.
두려움에 떠는 일상보다
집이 차라리 안전하다고 여겼다.

하지만, 외부와의 단절이 불러오는
정신적인 외로움은 생각보다 컸다.

잠시도 쉬지 않고 삐악대며 돌아다니는 너희의 텐션은

나를 더욱 지치게 했다.
하루 종일 틀어놓은 동요나 만화 주제가가
내 고막을 괴롭혔고,
특별히 힘든 사건이 있던 건 아니었지만
소소한 일상이 모여 나를 짓눌렀다.

"살고 싶지 않아."

우울증. 혹은 무기력증.
어쩌면 두 가지 모두였는지도 모른다.
숨 쉬는 게 힘겨웠다.
죽고 싶다는 욕망마저 사치였다.

불을 끄면 어둠 속에 사라져 버리고 싶었고,
샤워기 물줄기에 녹아 흘러내려 버리고 싶었다.
차라리 격리를 당해 너희들과 분리되고 싶었다.

이런 내가 불안해 보였던 건 나뿐만은 아니었나 보다.
"몸을 좀 움직여봐."
메시지로 서로의 근황을 전해 듣던 친구가 조심스레 말했다.
"애 둘 데리고 외출하는 게 얼마나 힘든 줄 모르지?"

혼자 살고 있는 네가 내 마음을 알겠냐, 하는
뾰족한 마음이 일렁거렸다.
"식구들이 다 자는 동안 움직이면 되잖아.
남편이 있으니 괜찮지 않아?"

그 생각은 못 했다.
내가 없으면 안 된다고 착각하고 있었나 보다.
속는 셈 치고 친구의 말을 따르기로 했다.

새벽 4시 반, 알람을 맞췄다.
그러고는 일어나 집을 나섰다.
대충 눈곱만 떼고 얼굴에는 마스크를 썼다.
부스스한 머리는 모자 속에 숨겼다.
눈동자만 빼꼼 내민 내 모습은, 도둑이라고 해도 믿을 수 있을 것 같았다.

깜깜했다.
불이 켜져 있는 집보다, 꺼져있는 집이 더 많았다.
모두가 잠들어 있는 시간.
하지만, 한 발짝 더 내디딘 세상은 살아 숨 쉬고 있었다.
떡케이크를 만들어 파는 카페 사장님은

벌써 떡을 찌고 있었다.
뽀얗게 뿜어져 나오는 김에 카페 창문이 하얗게 물들어 갔다.
밤새 홀로 빛을 밝혔을 편의점에
하나둘씩 사람이 드나들기 시작했다.
잠이 덜 깬 그들은 피곤이 쌓인 어깨를 털어내며
통근버스에 올라탔다.
부지런한 그들보다 먼저 나와 기다렸을 통근 버스 곁으로
부릉부릉, 첫차 운행이 시작되고 있었다.

어제 했듯이, 내일도 할 거니까
오늘도 하고 있었다.
내가 잠들어있던 시간 동안
세상은 여전히 바쁘게 움직이고 있었다.

한 시간쯤 걸었을까.
어느새 후끈 달아오른 온기에 쓰고 있던 모자를 벗었다.
서늘했던 공기가 오히려 시원하게 느껴졌다.
'내가 뭘 할 수 있겠어?'라는 생각이 작아지기 시작했다.
턱밑까지 차오르는 숨에, 갈증이 느껴졌다.

잠시 후, 하늘이 불타오를 듯 붉게 물들기 시작하더니

곧이어 새빨간 해가 동그랗게 떠올랐다.
산 너머로 수줍게 얼굴을 내밀고,
순식간에 둥근 몸을 세상에 내보였다.
그 움직임이 너무나 눈부셔 차마 마주 볼 수 없었다.

생각으로 가득했던 자리에 빛이 스며들기 시작했다.
나를 열심히 스쳐 지나가는 사람들을 느꼈다.
그들의 생기가 내게 전해졌다.

'살아야겠다.'

가슴이 두근거렸다.
텅 비어버린 줄 알았던 마음이 울컥 채워졌다.
땀방울이 스쳐 지나간 자리엔 생기가 남았다.
무언가 하고 싶어졌다.

하지만, 쉽지 않았다.
하고 싶다는 욕망보다, 하지 못할 거라는 불안감이
더 컸으니까.
경력 단절도 오래됐고, 나이가 적은 것도 아니었다.
애가 둘이나 있고, 특별한 재주도 없었다.

이런 나를 대체 누가 써주겠어?
불안감이 다시 꿈틀거렸다.

일단 공부부터 해볼까?
그런데, 무슨 공부를 하지. 또 공부를 하려면 돈이 들 텐데.
공부를 마치고 자격증을 딴다 한들, 그게 수익화된다는 보장이 있을까?
스스로에게 묻고 답했다.
끊임없이 제안하고 빠르게 거절하기를 반복했다.
그럼에도 포기하고 싶지 않았다.

너희를 재우는 동안 까무룩 같이 잠들고,
너희들의 발길질에 부스스 눈을 떠야 했던 그 시간도
내 것이었다는 걸 비로소 깨달았다.

"뭔가 하고 싶다."

문득 떠오른 한마디에
내가 만든 굴을 박차고 나와 걷기로 했다.
일단은 해보자.
그래서 나는

오늘도 새벽 네 시 반에 알람을 맞춘다.

해가 뜨기 전, 걷기 시작한 날

+ 기억하고 싶은 한 문장 +

+ 오늘의 마음 기록 +

당신의 심장을 두드리는 게 무엇인지 한번 생각해 보세요.
오래전 일기장 속에 숨겨둔 꿈이라도 좋아요.
그게 무엇이었나요?

하지 않을 핑계는 너무나 많아요.
피곤하니까, 어려우니까, 그럴만한 마음의 여유가 없으니까.
하지만, 눈을 뜨게 하는 데는 단 하나의 이유면 충분해요.
하고 싶으니까.
하고 싶은 걸 하기 위해 당신의 새벽을 깨워보는 건 어때요?

그 시간, 나만 깨어있는 집

태어날 때부터 새벽형 인간은 아니었다.
그렇다고 올빼미형을 선호하지도 않았다.
남들 잘 때 자고, 남들 깨어 있을 때 깨어있는
지극히 평범한 삶을 살아왔다.

하지만 엄마로 살기 시작한 후로
나의 잠드는 시간과 깨어나는 시간은
너를 중심으로 움직이기 시작했다.
네가 일찍 잠에서 깨어 내 머리카락을 잡아당기면
나 역시 눈을 떠야 했다.
졸린 눈을 억지로 부릅뜨며,
칭얼대는 너를 안고 좁은 방을 몇 바퀴씩 돌기도 했다.

인간의 기본 욕구 중 하나인 수면욕이
제대로 충족되지 않았기에
틈만 나면 꾸벅꾸벅 졸기라도 해야

버틸 수 있었다.

시곗바늘은 쉼 없이 움직였다.
작은 씨앗이 어느새 새싹이 되어 예쁜 꽃을 피웠고,
안아주지 않으면 잠을 자지 못했던 때가 있었냐는 듯이
어느새 '잘 자요.'라는 인사를 건네며
스스로 잠드는 날이 늘어났다.

이렇게 너는 자라고 있었다.
곧 내 품이 작아질 듯이.

그럼에도 나의 잠귀는 항상 너를 향해 열려 있다.
언제라도 "엄마"를 부르면 냉큼 달려가기 위해.

식구들이 모두 잠든 시간에도
나의 귀를 열어 두었다.

그러다 한 번씩 뜬 눈으로 잠을 설치는 날이 생겼다.
내가 의도했건, 그렇지 않았건
잠든 너의 규칙적인 숨소리를 배경 삼아
두 눈을 끔뻑거렸다.

처음에는 사진첩을 뒤적이며 추억을 곱씹어 보았다.
내 얼굴은 없고 너의 얼굴만 가득한 사진을 보며
작년보다 훌쩍 자란 모습에 놀라기도 했다.
마음에 드는 사진을 SNS에 올리기도 하고,
들어간 김에 이웃들의 삶을 살피다 아침을 맞이했다.

어떤 날은 해가 떠 있는 동안 끝내지 못한 집안일을 하기도 했다.
이놈의 집안일은 아무리 해도 끝이 없지.
분명 종일 바빴던 것 같은데, 꼭 하나씩 빼먹은 게 있어서
'아, 맞다'하며 침대에 누웠다가 일어나길 반복했다.
잠이 달아버리고 나면 벌러덩 소파에 드러누웠다.
캔맥주를 마시며 밀린 드라마를 보기도 했다.
혹시라도 자는 네가 깨지 않길 바라며
웃음도 눈물도 꾹꾹 눌러 맥주 한 모금과 함께 꿀꺽 삼켰다.

어쨌거나, 그 모든 순간에 네가 있었다.
깨어있는 동안에도,
잠들어있는 동안에도
내 삶은 온통 너였다.

그러다 또다시 잠이 깼던 어느 날,

덜컥 겁이 났다.
네가 더 이상 엄마를 찾지 않게 되면,
나는 어떻게 해야 하지?

네 엄마가 아니었던 나는
한참 전에 지워진 것 같은데.

더 이상 사진첩에조차 존재하지 않는 내가
길을 잃은 채 안개 속을 더듬거리고 있었다.

길고 긴 하루 중, 찰나의 순간일지도 모르지만
새벽이라는 이름이 주는 감수성은
매일 나의 마음을 들쑤시기 시작했다.
'지금 잠이 오냐?'라고 나를 흔들어 깨우더니
'앞으로 뭐 해 먹고 살 건데?' 하며 불안감을 자극했다.
억지로 눈을 감고 버텨도 기어이 깨우고 만다.
다시 잠들 타이밍을 놓치고 나면
해가 뜰 때까지 끊임없이 시달려야 했다.

나만 뒤처지고 정체된 삶을 살고 있는 것 같아 겁이 났다.
뭐라도 해봐야지, 하는 생각이 들어

이런저런 자격증 종류를 검색하기도 했다.
계산기를 두들기며, 공부에 필요한 금액을 더해보다가
이번 달 생활비를 떠올리며 까무룩 잠이 들었다.

어떡하지, 어디로 가야 하지, 무엇부터 해야 하지.
수많은 물음표가 머릿속을 떠돌았다.
이미 한참 전에 끊어진 나의 이름표를 찾기 위해
나를 돌아봐야 했다.
새까만 어둠 속에 두 개의 눈을 끔벅이며
그렇게 나를 찾아보기로 했다.
시간이 몹시도 아까웠다.
하루 24시간을 분 단위로 쪼개 써도 부족한 게 엄마의 삶인데
이렇게 시간을 허투루 쓰고 있구나
나는 참 사치스러웠구나. 그제야 후회했다.

주섬주섬 몸을 일으켰다.
'아, 맞다'하며 놓친 집안일을 하기 위해서가 아닌
나를 찾기 위해서였다.

텅 빈 거실은 낮의 그것과 달랐다.
너의 온기가 머물렀던 곳에 고요함만 가득했다.

저벅저벅 그 속을 걸어 들어가 책 한 권을 집어 들었다.
입에서 단내가 날 때까지 네게 읽어주던 동화책이 아닌,
언젠가 내가 읽다가 덮어버린 책이었다.
책상 구석에 얼마나 오래 꽂혀있었는지,
색이 바랜 책등 위로 먼지가 소복이 쌓여 있었다.
그리고, 노트북을 켰다.
고요함 속에 윙윙 뛰기 시작하는 녀석의 심장 소리에 맞춰
타닥타닥, 굳어버린 손가락을 천천히 움직여 봤다.
이것도 저것도 내키지 않는 날에는
블루투스 이어폰을 귀에 꽂고 동영상을 틀어
화면 속 사람을 쫓아 뻣뻣한 몸을 흔들기도 했다.
오래 잠들어 있던 관절이 놀라 삐걱삐걱 소리를 질렀다.

여전히 부지런한 시곗바늘은
금세 내 앞에 아침을 데려다 놓았다.
고작 한두 시간 동안
내가 굉장한 일을 해내진 않았지만
그 한두 시간 동안 나는
너의 엄마가 아닌, 바로 내가 되어 있었다.

그 시간, 나만 깨어있는 집은

내게 오롯이 집중할 수 있는 내 것이었다.

― 홀로 깨어 나를 찾은 날

+ 기억하고 싶은 한 문장 +

+ 오늘의 마음 기록 +

아이들이 초등학교 들어가며 각자 방을 만들어주고, 책상도 넣어줬어요. 하지만, 녀석들은 책상 앞에 앉지를 않아요.
바닥에 엎드려 그림을 그리고, 식탁에 앉아 숙제를 해요.
"방 안 쓸 거면 나 줘라. 나는 내 방 갖고 싶다"라는 내 말을 듣고 웃기만 하네요.
난 진심인데.
당신은 지금 이 책을 어디에서 읽고 있나요?
저는 식탁 앞에 앉아서 이 글을 쓰고 있고, 싱크대에 밀린 설거지거리가 보여요.
당신의 집에는, 당신만의 공간이 있나요? 만일 있다면 당신의 공간을 소개해 주세요.

빈 공책 앞에서 머뭇거렸다

공책을 샀다.
"무언가 하고 싶다"라는 생각이
"글을 쓰고 싶다"라는 행동이 되었기 때문이다.

구불구불한 스프링이 달려있어 구겨질 염려가 없었고,
손바닥보다 조금 커서 보관하기도 어렵지 않았다.
특별한 그림이 그려진 게 아니었으니
쉽게 질리지 않을 것이고,
누군가의 눈에 띄지도 않을 게 분명했다.
커피 한 잔 정도의 가격이라 부담 없이 결제했고,
어느 날 재활용 쓰레기와 함께 버려진다 해도
돈이 아깝지 않을 정도였다.

하지만, 막상 펼쳐진 공책 앞에서
머리가 텅 비어버리는 게 느껴졌다.
하릴없이 볼펜만 딸칵거렸다.

글을 쓰고 싶다는 생각은 했지만
막상 무엇을 써야 할지 떠오르는 게 없으니
흰 종이가 시험지처럼 느껴져
그저 막막하기만 했다.

그래서 일기를 쓰기로 했다.

공책을 펼치고 날짜를 적었다.
하지만 펜이 쉽게 움직이지 않았다.

어렸던 내가, 개학을 코앞에 두고
기억을 더듬으며 날씨부터 채워 넣었던 그림일기 숙제가 떠올랐던
걸까?

볼펜으로 또박또박 선생님의 댓글이 적혀있던
어느 날의 일기장을 펼쳐봤던 기억 때문일까?

분명 나만의 공책인데,
나의 이야기를 쓰는 게 어려웠다.
내 일기장이
누군가에 의해 발가벗겨질 게 두려웠다.

아직 일어나지 않을 일을 상상하니
벌써 얼굴이 화끈거려
솔직해질 수 없었다.

그렇게 날짜만 적힌 첫 번째 장을 찢어
쓰레기통에 버렸다.

다음날이라고 다를 건 없었다.
식구들의 작은 움직임이 느껴지면
손바닥으로 가려 숨기기에 급급했다.
아무도 꺼내볼 수 없도록 가방 제일 밑에 쑤셔 넣었다.
글씨가 엉망이라고, 내용이 별거 없다고,
비웃음을 살까 봐 겁이 났다.

시작도 하기 전에 포기하게 생겼다.
내 얘기를 내가 쓰는데 자꾸만 움츠러들었다.
일기를 쓰는 것에서부터
눈치를 보고 있는 나를 발견했다.

하지만, 멈추고 싶지 않았다.
어떻게 꺼낸 마음인데.

이렇게 또 주저앉고 싶지 않아
다시 용기를 냈다.
날짜를 적고, 한 줄을 적었다.

"천천히 소소한 일상을 채워나가야겠다."

그것이 마중물이 되어
나의 마음을 쏟아 내기 시작했다.
사진은 순간을 형태로 남기지만
일기는 마음을 남기니까.

글씨가 조금씩 채워질 때쯤, 팔이 아팠다.
언젠가부터 손으로 글씨를 쓸 일이 부쩍 줄었기에
손가락에 빨갛게 볼펜 눌린 자국이 남았다.
발레리나의 굳은 발가락처럼 느껴져
뻐근함이 썩 마음에 들었다.

그 후로 생각날 때마다 공책을 꺼내 일기를 적었다.
행복한 순간을 떠올리며 흔적으로 남겼다.
꼭꼭 숨겨놓은 마음을 꺼내 고민을 털어 놓았다.
남편의 서운한 말을 떠올리자

한 글자 한 글자에 눈물이 한 방울씩 스며들었다.

시간이 지나고 다시 맨 앞 장을 펼쳐 보았다.
그리고 한 장 한 장 넘기며 일기를 읽어 내려가다 보니
문득, 불편해졌다.
공책 가득 채워져 있는 내 마음이
너무나 못생겨서
몹시도 치졸해서.
나란 인간의 민낯을 마주하게 되자
부끄러워 견딜 수가 없었다.

내 감정 쓰레기통이었다.

하루하루가 똑같은 하루일 테니
내일도 이런 내용이나 끄적이고 있을까, 싶은 생각이 드니
이제 그만 쓰고 싶어졌다.
나는 왜 일기마저 이 모양일까.
찢어버리려고 종이를 꽉 움켜쥐었다.
그런 내 눈에 언젠가 네가 쓰던 일기장이 보였다.

"오늘은 스파게티를 먹었다. 정말 맛있었다."

- 선생님은 크림 스파게티를 좋아하는데, ㅇㅇ는 어떤 맛으로 먹었는지 궁금하네요.
"오늘은 놀이터에서 놀았다. 정말 재미있었다."
- 놀이터에서 재미있게 놀았군요. 누구와 어떤 놀이를 했나요?

풋, 웃음이 나왔다.
의식의 흐름대로 대충 휘갈겨 쓴 내가 방패라면
그럼에도 꿋꿋하게 코멘트를 달아준 선생님은 창 같았다.
각자의 자리에서 최선을 다해 일기를 쓰고 있었다.

손가락을 움직여 '일기'라는 단어를 검색했다.
날마다 그날그날 겪은 일이나 생각, 느낌 따위를 적는 개인의 기록.
나의 일과 생각을 적는 나만의 기록.
그래, 그것이 일기였다.

다시 나의 마음을 적어 내려가기로 했다.
화가 난 마음도, 부끄러운 마음도 모두 '나'였으니까.
내 마음을 솔직하게 기록하기로 했다.

그리고 내게 물었다.
'안녕, 오늘은 어땠니?'

하루 종일 소복이 먼지가 쌓였을 내 마음을
한 움큼 덜어내어 이곳에 담아 두기로 했다.
그 안에 담긴 슬픔도, 분노도, 행복도 모두 '나'였으니까.

다시 일기를 쓰기 시작한 날

+ 기억하고 싶은 한 문장 +

+ 오늘의 마음 기록 +

SNS에 사진을 올리며 일상을 기록합니다.
누군가에게 관심받고 싶어서요.
텅 빈 하트가 붉게 물드는 걸 보면 기분이 좋아지기도 하거든요.
일기장에 흔적을 남기는 날도 있습니다.
혼자만 알고 싶은 마음도 있어서요.
조금씩 종이가 채워질수록, 내 마음의 짐이 가벼워져요.
오늘, 당신의 마음은 어땠나요?
당신의 하루를 이야기해 보세요.

고요 속에서 나에게 말을 걸다

데엥-

싱잉볼의 깊은 소리가 화면을 타고 내게 다가왔다.

어서 오라고, 잘 왔다고.

양손을 꼭 쥐고 반갑게 인사를 건넨다.

일주일에 두 번, 새벽 5시 50분.

메시지가 하나 도착한다.

거기에 담긴 링크를 타고 들어가면

고요한 세싱이 열렸다.

그곳은 온라인 명상 클래스.

항상 마음이 조급하고 머리가 복잡했던 내게

친구가 소개해 준 것이다.

화면을 켜도 좋고, 꺼놔도 상관없다.

온라인이라는 공간은 낯가림이 심한 내게 좋은 수단이었고,

식구들이 일어나기 전 새벽 시간은

아무런 훼방꾼이 없기에 더할 나위 없이 좋았다.
서로 안부를 주고받고
가벼운 스트레칭으로 몸을 풀어준다.
그러고는 가부좌를 틀고 앉아
눈을 감고 내 호흡에 집중하면 된다.
그것이 내가 처음 만난 명상이었다.

요가하는 간디를 떠올리며 신청했던 것 같다.
득도의 경지에 오를 나를 꿈꿨는지도 모른다.
하지만, 처음부터 잘 될 리 없었다.
아이만 낳는다고 완벽한 엄마가 될 수 있는 게 아닌 것처럼
고작 일주일에 두 번 명상 수업에 참여한다고
마인드 컨트롤에 완벽해지는 건 아니었다.

꾸벅꾸벅 졸다가 고개가 뒤로 젖혀지는 날도 있었고,
화면이 꺼져 있으니 딴짓을 하는 날도 많았다.
천천히 물러갔다가 휘몰아치는 밀물처럼
아침밥은 뭘 해줘야 하나,
오늘이 학원비 결제 날이었나, 따위 등의 생각이
한꺼번에 쏟아지는 날도 있었다.

그렇다고 해서 그것이 일생생활에 반영될 리 없었다.
여전히 조급한 엄마와
바쁜 현대인의 역할에 충실했다.

"생각이 너무 많아요."

근황을 나누는 시간에 나도 모르게 볼멘소리가 나왔다.
"시금치가 맛없어요."라며 반찬 투정하는 꼬마처럼
내 마음대로 되지 않음에 잔뜩 심통이 난 터였다.

"괜찮아요. 그럴 수 있어요.
생각이 너무 많음을 의식하는 것만으로도 충분해요."

참으로 무책임하다고 생각했다.
내가 그런 말이나 들으려고
이 시간에 잠에서 깨어 앉아 있는 게 아니었는데.
뾰족한 해결책을 안내해달라고
억지 부리고 싶었다.

그렇지만, 한편으로는 그 말에 안심이 되었다.
내가 틀린 게 아니구나, 그럴 수 있는 거구나.

굳이 애쓰지 않아도, 그냥 이대로도 괜찮구나.
괜찮다는 그 한마디에 나도 모르게 안도의 한숨을 뱉었다.

참 바쁜 삶을 사는 중이었다.
눈을 뜨는 아침부터, 잠이 드는 저녁까지 너무나 바빴다.
엄마의 삶도 살아야 했고, 아내의 삶도 살아야 했다.
동시에 딸의 삶과 며느리의 삶까지.
게다가 나의 삶도 포기할 수 없었다.
무엇하나 놓칠 수 없었다. 그러고 싶지 않았다.
어느 하나라도 소홀하면
금세 톱니가 빠져버려
전체가 흔들리기 때문이었다.

아침 식사를 준비하며, 저녁 식사 메뉴를 고민해야 했다.
버스를 향해 달려가며, 다음 주 가족 행사 일정을 계획하기도 했다.
잠간의 휴식이 주어지는 순간에는
손을 뻗어 휴대전화를 만지작거렸다.
눈동자를 빠르게 굴리며 속도를 높였다.
지금 순간이 지나면 무엇을 해야 하는가를 떠올리며
끊임없이 숨차게 달렸다.
내 몸보다 커다란 짐을 짊어진 채 버둥거리는 꼴이었다.

부지런히 그리고 열심히 살아가는 모습이
'좋은 엄마'일 것으로 생각했던 것 같다.
네게 모범이 되고 싶어
끊임없이 채찍질했다.
하지만, 문득 돌아본 내 뒤에 너는 없었다.
당연히 잘 쫓아오고 있는 줄 알았는데
한참이나 멀리 떨어진 곳에서 애타게 나를 부르고 있었다.
심장이 쿵 내려앉았다.

이건 너를 위한 것도, 나를 위한 것도 아니었다.
그저 나의 욕심 때문이었다.

그래서, 새벽에 일어나 앉기 시작했다.

마음에 쉼표를 찍고 싶었다.

"그럼 어떻게 해야 하나요?"
내가 다시 물었다.
반드시 해답을 듣고 싶었다.
"아. 내가 생각이 많구나, 하고 다시 돌아오시면 돼요.
다시 시작하면 되니까요."

이게 무슨 바보 같은 답인가 싶었다.
"그래도 힘들면, 그냥 자신과 대화를 해보세요.
천천히. 나에게 물어보세요."

눈을 감았다. 여전히 머릿속은 복잡했다.
새벽이슬에 목을 축이는 작은 새들처럼
여기저기서 생각들이 하나씩 고개를 치켜 올렸다.

그런 내게 물었다.
지금 내 마음은 어떠니?
그랬구나. 그래서 나는 마음이 복잡한 거구나.
그때 나의 마음은 어떤 이유에서 그랬을까?
앞으로는 어떻게 해야 할까?
질문이 하나씩 쌓여갔다.
생각이 하나씩 모였다.

억지스러운 비움이 최선은 아니었다.
한 방울씩 떨어지던 마음들이
어느새 한곳에 모이기 시작했다.
작은 냇물이 되어 졸졸 흘러내리더니,
어느새 하나의 커다란 강물이 되어

나를 가득 채워주었다.

.... 생각을 비우며 마음을 채우기 시작한 날

+ 기억하고 싶은 한 문장 +

+ 오늘의 마음 기록 +

"아이고, 나이 먹어 그런가. 자꾸 깜빡깜빡해."
엄마는 항상 그렇게 말씀하셨어요.
나이 탓이 아니라, 혼자 챙겨야 할 게 너무 많아 그랬다는 걸,
챙길 사람이 생긴 지금에야 알게 됐어요.
그래서, 해야 할 일이 많아져 마음이 급해지면 종이를 꺼내 하나씩 적기 시작했어요.
그리고 끝내면 하나씩 지워가는 거예요.
전부 다 지우지 못해도 괜찮아요. 다시 하면 되니까요.
이 책을 읽고 나면 당신의 종이에 뭘 적었는지 살짝 얘기해줄래요?

4장

마음을 담아, 종이를 채웠다

밤공기마저 더웠던 어느 여름날 저녁
땀을 뻘뻘 흘리며 놀고 들어온 어린 나를 보고
엄마는 얼른 씻고 오라 재촉했다.
"손 줘 봐. 봉숭아꽃 물들여줄게."

꽃잎을 빻고 손톱 위에 올려
밤새 떨어지지 말라고
가슴 위에 얌전히 손을 올린 채 잠들었다.
예쁘게 물들어서
부디, 내 첫사랑에게 전달되길 바랐나 보다.

"친구야, 나는 네가 그리워.
벌써 나를 잊은 건 아니지?"
멀어진 거리만큼이나 커져 버린 그리움을
편지지에 꾹꾹 눌러 담았다.
내일은 꼭 빨간 우체통에 넣어야지, 다짐하며

함께 찍은 사진을 베개 밑에 넣어둔 채 잠들기도 했다.

말하지 않아도 알아주고,
전하지 않아도 닿는다면 얼마나 좋을까?
하지만, 사람의 마음이라는 건
그렇게 쉽게 전해지는 게 아니다.
이 나이를 먹은 지금도 한 번씩 바란다.
말하지 않아도 알아주길.

둘째 아이가 태어나고 나는 전보다 훨씬 날카로워졌다.
아이를 낳고 키우는 게 처음도 아니었는데,
치워야 할 기저귀가 하나에서 둘이 되고
깎아야 할 손톱이 열 개에서 스무 개가 되고 나니
내 몸을 반으로 찢어 나누어 주어도 부족할 만큼 몹시 힘들었다.
당연히 입 밖으로 나오는 말이 고울 리 없었다.
나를 둘러싼 모든 상황이
남편의 탓처럼 느껴졌다.

나라는 사람은 태생이 무뚝뚝한 성격에
속 이야기를 쉽게 꺼내는 편이 아니었다.
그러니 아무리 한 이불 덮고 사는 남편이라 한들,

"나 지금 힘들어"라는 말이
쉽게 나올 리가 없었다.

엄마가 나무 도마 위로 쿵쾅대며 칼질하면
'아, 엄마가 화가 났구나'하며 눈치를 살피고,
엄마가 콧노래를 흥얼거리며 찌개를 끓이면
'오늘은 기분이 좋나 보네.'라고 마음이 편해지는 것처럼.
딱히 말하지 않아도 알아주길 바랐다.
내가 힘들어하고 있음을.
도움이 필요해지고 있다는 것을.

하지만, 발밑에 물티슈를 두고도
"물티슈 어디 있어?"라고 묻는 사람이라는 걸 잊었나 보다.
눈에 보이는 것을 말해줘도 못 찾는데,
형체도 없는 걸 말하지 않고도 알아주길 바랐으니
가능할 리가 없었다. 내가 멍청했다.

'힘들다'는 생각은, 곧 '서운해'가 되었다.

'나는 이렇게 잠도 못 자는데, 너는 지금 잠이 와?'
'애는 나 혼자 키우냐?'

'다른 집 남편들은 퇴근 후 집에 오면 애들도 봐주고 집안일도 도와 준다는데.'
'돈이라도 많이 벌어다 주던가.'

그리고, 그 '서운해'는 '너 때문이야'로 바뀌었다.

'왜 하필 저 남자랑 결혼해서.'
'이놈의 집구석. 정말 지긋지긋해.'
'내가 누구 때문에 이러고 사는데?'
'이게 다 저 인간 때문이야.'

하루에도 수십 번씩 뾰족한 생각들이 나를 찔렀다.
상처가 아물지 않은 자리에 끊임없이 생채기를 내며 찌르고 또 찔렀다.
'내가 이렇게 아픈데, 당신은 왜 모르는 거야.'
끊임없이 남편을 원망했다.
그것이 내가 지금을 버티는 힘이었다.

원망의 크기만큼 우리 사이는 자꾸만 멀어졌다.
눈을 마주치며 이야기하기는커녕
오가는 말조차 점점 줄었다.

동거인. 딱 그 정도. 어쩌면 그보다 못한
그런 관계가 되고 있었다.

그러던 어느 날,
한숨을 끌어안고 들어오는 당신을 보았다.
그 모습을 보고 안쓰러워했으면 좋았을 텐데,
지친 나의 육체는 연민 대신 분노를 골랐다.
"한숨과 고민은 문밖에 두고 집에 들어와야 하는 것도 몰라?
누군 한숨 쉴 줄 몰라서 안 쉬는 줄 알아?"

털과 꼬리를 바짝 세운 길고양이처럼,
당장이라도 당신을 향해 공격할 준비가 된 상태였다.

우리는 왜 이렇게 되었을까.
아니, 나는 왜 이 지경까지 이르렀을까.
이런 관계를 꾸역꾸역 유지하는 게 과연 의미가 있을까.
똑같이 생긴 얼굴 세 개가 잠들어있는 모습을 보며 생각했다.
그렇다고 이 관계를 깨뜨릴 용기도 없었다.
그러기엔 너희가 너무나 소중했으니까.

그러다 어둠 속에서 나를 찾는 네 목소리를 들었다.

"엄마, 엄마."
어눌한 그 소리에 답하며
기저귀를 확인하고, 이마를 짚어보고, 이불을 덮어 주었다.
그럼에도 칭얼대는 소리에
너를 안고 한참 동안 등을 토닥였다.
내려앉는 눈꺼풀 무게에 너를 안은 채 쓰러져 잠들 것 같았다.
"뭐가 불편한지 말해주면 안 되겠니?"
나지막이 중얼거리다가
순간, '아차' 싶었다.

겨우 너를 재우고 종이 한 장을 꺼냈다.
거기에 내 마음을 적기 시작했다.
무엇이 나를 불편하게 하는지, 남편에게 전하기로 했다.

결혼과 출산을 겪으며 몸과 마음이 매우 힘들었어.
그래서 당신의 힘듦을 돌아봐 줄 여유가 없었어.
하지만 이겨내려 애쓰고 있어. 지금의 당신이 그러하듯이.
우리 가끔은 서로에게 기대면 어떨까.
부모가 되어가는 성장통, 함께 나누면 덜 힘들 거야.

꼭꼭 접어 남편의 낡은 지갑에 넣었다.

연애하던 시절 사주었던 지갑을 아직도 쓰고 있는 당신,
내가 무척이나 좋아했던 당신,
처음으로 솔직하게 내 마음을 담아
그런 당신에게 전했다.

남편에게 편지를 쓴 날

+ 기억하고 싶은 한 문장 +

+ 오늘의 마음 기록 +

어버이날이 되면 아이들이 카네이션을 만들어와요.
"엄마 아빠 사랑해요. 키워주셔서 감사해요."
비록, 선생님이 시켜 억지로 쓴 글일지라도
연필로 꾹꾹 눌러썼을 모습을 상상하면 웃음이 나와요.
가까운 사람일수록 속마음을 털어놓기가 어려울 때가 있어요.
오늘은 쪽지 한번 남겨보는 거 어때요? 쑥스러우니까 여기에 먼저
연습해 봐요.

엄마도 사람이다

"다른 애들은 다 되는데, 맨날 나만 안 된대.
엄마 정말 미워! 나빠"
네가 소리쳤다. 쿵, 방문을 닫았다.
눈앞에서 닫히는 문,
그것은 나를 향한 거절이었다.

그놈의 텔레비전이 뭐길래.
그놈의 스마트폰이 뭐길래.

속에서 뜨거운 것이 가득 차올랐다.
열 달을 품고, 죽을듯한 고통 속에 너를 낳았는데
이런 말을 들어야 한다니,
"너 똑닮은 자식 낳아 키워봐라." 라던 엄마의 저주처럼
언젠가의 내가 뱉은 말이 부메랑이 되어 돌아와
날카로운 날을 휘두르며 내 가슴에 박혔다.

그런 날이 있다.
열심히 달려갔건만 눈앞에서 버스가 떠나고
서둘러 걷다 보니 구두 굽이 맨홀에 끼이는.
어찌어찌 굽은 빼냈지만, 망가진 굽은 당장 어쩔 도리가 없다.
지나가는 사람과 부딪혀서 들고 있던 커피를 옷에 쏟고,
애써 작업한 파일은 저장하지 않은 채 노트북 전원이 꺼져
처음부터 모든 걸 다시 시작해야 하는 날도 있다.

줄줄이 연결된 소시지처럼
재수 없는 일이 줄줄이 일어나는 날.
아무래도 그런 날이었나 보다.

속 사정을 몰랐을 남편은 집에 들어서자마자
시어머니의 마음을 내게 전했다.
무엇이 그리 서운하셨는지
퇴근하는 아들에게 전화를 걸어 한참이나 이야기하셨나 보다.
누구네 집 며느리와 다른 나의 태도가 꽤 섭섭하셨다고 한다.

"그래, 어머님은 그럴 수 있어.
하지만, 당신은 그러면 안 되잖아."
서운함이 고개를 들었다.

아무리 다른 사람들이 나를 향해
'왜 그것밖에 못하냐?'라고 해도
당신은 내 편을 들어줘야 하잖아.
그걸 굳이, 하필이면 지금, 내게 전해야 했니?

뜨거운 것이 차오르다 벅찼는지
심장이 마구 뛰었다.
당장 목구멍 밖으로 튀어나올 것처럼 강하게 요동쳤다.

이 와중에 작은 아이가 내게 와 안긴다.
"엄마, 나도 좀 봐줘. 나 좀 안아줘." 하며 칭얼거렸다.
애써 성난 마음을 꾹꾹 누르며
아이를 품에 안았다.
파르르 입술을 떨며 억지 미소를 지었다.

위태롭게 버티던 다리가 하나씩 무너지고 있었다.
거대한 지진이 땅을 가르고 건물을 부순 후에도
여진이 끊임없이 고개를 흔들며
남아있는 것들을 부수는 것처럼.
하지만, 미처 마음을 추스르기 전에 여진이 일어났다.

어쩌면 그것이 본진이었는지도 모른다.
가까스로 버티고 있던 마음이 빠른 속도로 허물어지고
그 밑에 선 채로 갈팡질팡하고 있던 나는
결국 허물어진 건물 밑에 깔려 비명을 지른다.

"왜 다들 나한테만 그래."

머리를 움켜쥐고 웅크려 앉았다.
있는 힘껏 몸을 웅크려 나를 숨기고 싶었다.

하지만, 내가 숨을 수 있는 곳은 없었다.

너는 항상 나를 쫓아 왔다.
요리하는 동안에는 옆에 선 채로
바쁘게 움직이는 내 손을 신기하다는 듯 지켜봤다.
당근이라도 한 조각 쥐어주면
오물오물 씹으며 그제야 한걸음 물러섰다.

아랫배를 부여잡고 화장실에 앉아 있는 동안에도
밖에서 끊임없이 문을 두드리며 말을 건다.
"엄마, 얼마나 걸려?"

"엄마, 문 열어주면 안 돼?"
똑똑. 결국 열린 문틈 사이로 헤헤 웃는 얼굴을 보이고 만다.

지금까지의 내 삶을 반으로 나눈다면
엄마가 되기 전과, 엄마가 된 후일 것이다.
태어나 이렇게 조건 없는 큰 사랑을 받아도 되나 싶을 정도로
너희는 항상 가득 채워주고도 넘치도록 사랑을 준다.
너무나 감사하고 행복한 일이다.

하지만, 가끔은 엄마도 쉼이 필요하다.

나 편해지자고 너희에게 종일 텔레비전만 틀어주는 건
나쁜 엄마가 되는 것 같은 죄책감이 들었고,
그렇다고 종일 너희와 붙어있었더니
내가 점점 사라지고 있는 것 같았다.

내가 무엇을 좋아했는지. 지금 내 기분이 어떤지.
나를 돌아볼 수가 없었다.
마음껏 울고 싶고, 마음껏 화를 내고
마음껏 널브러져 누워있고 싶었다.
너희가 좋아하는 것이 아닌 내 취향의 음식을 먹으며

내가 좋아하는 영화를 밤새 보고 싶었다.
그런데, 내가 뭘 좋아했었지?

모처럼 너희 둘이 내게 떨어진 찰나의 순간
주방 구석에 쭈그리고 앉아 공책을 폈다.
그리고 내 마음을 적었다.

'내가 언제 알아달라고 그랬어?
그냥 나를 좀 내버려둬. 왜 나한테만 그래.

나는 지금 위로가 절실하다.
혼자만의 시간, 혼자만의 공간을 갖고 싶다.
충전할 수 있는 시간이 필요하다.
엄마도 사람이다.'

문장을 끝내고 마침표를 찍자
그제야 참아왔던 눈물이 뚝뚝 떨어졌다.
내 마음이 머무를 수 있는 곳을 찾았다.

내 마음에 쉼표가 필요했던 날

+ 기억하고 싶은 한 문장 +

+ 오늘의 마음 기록 +

어렸을 때 좋아하던 이불이 있었어요. 지금은 너무 낡아서 버리고 없지만요.
내 몸이 커지는 만큼 이불도 낡아졌어요.
어느 날 엄마는 내게 그걸 버리자고 했어요.
하지만 나는 차마 그럴 수 없었어요. 손끝에 닿는 느낌이 너무 좋았거든요.
무엇보다도 그것과 닿아있는 동안에는 마음이 무척 평화로웠어요.
당신에게도 그런 물건이 있나요?
당신의 마음이 머무를 수 있고, 지친 당신을 위로해 주는 그런 물건 말이에요.

부서진 마음을 종이에 붙이며

미운 네 살이라고 했다.
하필이면 28개월 터울로 동생이 태어났다.
온통 너만을 향하던 눈동자들이
하나씩 슬금슬금 작은 아이에게로 옮겨졌다.

동생을 봐서 불안한 첫째의 마음은
남편이 첩을 데려온 마음과 같다고 했다.
지금까지 네 것이었던 장난감을, 침대를, 그리고 엄마 아빠를
동생과 나누어야 했으니까.

그래서 그랬을까.
아니면 원래 그런 시기였을까.
너는 집에 들어가는 걸 온몸으로 거부했다.

유모차 안전띠에 꽁꽁 묶인 채 집에 들어온 날도 있다.
온몸으로 버티는 너를 안고 들어오다가

네가 힘껏 발로 차버린 탓에 팔뚝에 시퍼런 멍이 들기도 했다.
장난감을 집에 준비해 놓고 꾀기도 했다.
'집은 이렇게나 즐거운 곳이란다'라고 애써 웃어도 봤지만
네게 집은 그다지 즐거운 곳이 아니었나 보다.
웃음 대신 울음을 터뜨렸으니까.

아기침대에 누워 응애응애 우는 어린 동생과
현관문 앞에서 '나가, 나가'하고 떼쓰며 우는 너,
그리고 그 사이에서 주저앉아버린 나.
우리는 하나가 되지 못한 채
그렇게 갈기갈기 찢어지고 말았다.

말이라도 잘해서 네 마음을 전해주었다면 좋았을 텐데.
개월 수에 비해 한 박자씩 느렸던 너는
네 마음을 제대로 표현하지 못했다.
그저 우는 것 말고는 별다른 방법이 없었다.

동생이 뒤집기를 시작하고 난 후부터는
잠시도 혼자 둘 수 없게 된 탓에
그마저도 어려워졌다.
아기를 안고 너와 몸싸움할 수 없었으니까.

"그래, 어디 네 뜻대로 해봐라."

네 욕구를 충족시켜 주기로 했다.
다리가 아프고, 배가 고파지면 집에 가겠지.
빵빵해진 기저귀 가방을 등에 메고
어린 동생을 캥거루처럼 품고
작은 너의 손을 잡고 동네를 하염없이 돌아다녔다.
비록 너보다 내가 먼저 지쳐버렸지만
산후조리 따위보다 네가 더 중요하다고 생각했기에
힘내고, 또 힘내자고 계속 다짐했다.

그렇게 하다 보면 내 마음이 너에게 닿아
조각난 우리의 마음이 다시 연결될 거라 믿었다.

유모차를 끌고 나가는 날이면 나는
집 앞 놀이터에 지박령처럼 앉아 있었다.
아이 하나가 놀다 사라지고, 또 다른 아이가 놀다 사라지고
어느새 찬 바람이 불고 어둑어둑해져도
네 마음이 만족하기 전까지 기다리고 계속 기다렸다.

"이제 집에 가자."

더 이상 견디지 못하고 던진 한마디에
너는 기어이 터지고 말았다.
소리를 지르며 우는 너의 손을 잡고, 너의 눈을 바라봤다.
네가 울음을 그치고 앞장서 돌아가길,
말을 아낀 채 기다렸다.

하지만 너의 마음은 너무나 많은 조각이 났나 보다.
아무리 애쓰고 노력해도
너의 눈물은 마를 줄을 몰랐다.

너는 몰랐을 테지만,
네가 우는 동안
내 마음은 셀 수 없이 찢어졌다.
나에게 첫사랑 같은 너였기에
나는 숨죽여 더 많이 울었다.

이 시기가 지나가긴 하는 건지,
내가 택한 방법이 맞는 건지.
너를 이기려고 그런 건 아니었는데,
자칫 너에게 상처만 주고 끝나는 건 아닐지 겁이 났다.
이렇게 네가 내게 한걸음 멀어져가는 건 아닐지 무서웠다.

너의 눈물을 품어 주기에
내 그릇이 너무도 작았는지도 모른다.
너의 마음을 어떻게 달래주어야 할지 몰라 그저 바라만 봤다.
내가 어떻게 해야 네 마음을 이해할 수 있을까.
아무리 노력해도 너에게 닿지 않는 몸부림에, 나는 점점 지쳐갔다

이 상황이 모두 내가 부족한 탓 같았다.
감당할 수 있는 그릇도 아니면서
둘이나 낳아버린 나 자신을 탓했다.

너에게도 힘든 네 살이었겠지만,
나에게도 어려운 네 살의 하루였다.
불완전한 나를 마주하는 순간, 나도 터졌다.

모든 것을 알고 있다는 듯, 얌전히 유모차에 잠들어 있는 작은 아이의 모습에도
놀란 토끼 눈을 하고 나를 마주 보고 있는 너의 모습에도
왈칵 감정이 쏟아졌다.
의식하는 순간, 넘쳐흐르는 욕조 물처럼 걷잡을 수 없었다.
그렇게 너와 나는 마주 보고 울었다.

'누가 지나가다 봤으면 뭐라고 생각할까?'
문득 이 상황이 부끄러워졌다.
얼마나 울었는지 머리가 어질어질했다.
두 눈이 뻐근한 걸 보니,
북어의 부푼 배처럼 퉁퉁 부어있는 게 분명했다.

눈물을 잔뜩 쏟아내고 나니, 배가 고팠다.
이 와중에 배가 고프다니. 헛웃음이 나왔다.
그리고, 텅 비어버린 것처럼 속이 후련했다.
벽을 쌓는 것도 부수는 것도 나였다.
그동안 꾹꾹 참기만 했던 마음이 터지고 나자
드디어 벌어진 틈이 채워졌다.

"배도 고프고, 힘들어. 길에서 울어서 창피해.
이제 집에 가자."
내가 내민 손을 보고 네가 고개를 끄덕였다.
그러고는 와락 안겨 사랑한다고 속삭였다.

부서진 줄 알았던 마음의 조각이
서로의 틈에 파고들고 있었다.

.... 찢어진 마음이 조금씩 붙기 시작한 날

+ 기억하고 싶은 한 문장 +

_____

+ 오늘의 마음 기록 +

세상에 변하지 않는 한 가지는, 모든 게 변한다는 사실이라고 해요.
하지만, 또 한 가지가 있어요.
오늘도 엄마로서 애쓴 당신의 마음이에요.
완벽하지 않아도 괜찮아요. 지금으로도 충분해요.
오늘도 갈기갈기 찢어졌을 당신의 마음을, 지금 여기에 붙여 봐요.
오늘 당신을 슬프게 했던 건 무엇이었나요?

_____

또, 당신이 슬프게 한 건 어떤 일이었나요?

_____

아무도 읽지 않아도 괜찮은 진심

"우리 나이대가 참 힘든 것 같아요.
위로는 부모님을 챙겨야 하고,
밑으로는 아이들도 챙겨야 하니까요.
회사에서는 점점 밀려나는데
부모님은 갈수록 약해지고, 아이들 학원비는 계속 오르기만 해요."

어느덧 부모가 되어버렸지만,
여전히 자식인 우리는
위와 아래를 모두 신경 써야 하는 탓에
나를 돌볼 여력이 없다.

'다른 부모들처럼 집 한 채 해주셨으면 좋았을 텐데.'
'나가서 일하라고, 애들이라도 좀 봐주셨으면 좋았을 텐데.'

나의 부모보다 이른 정년을 맞이해야 할 우리였기에
수많은 '텐데'를 끌어안고 살아야 했다.

손톱만 한 서운한 마음을 크게 부풀려 들춰내고,
조급한 마음에 애꿎은 부모를 원망한 날도 있었다.
여태 받아온 건 당연한 것이었고, 내가 해야 할 건 부담스러웠다.

내 엄마 아빠는 여행을 좋아하셨다.
잠들었던 집이 아닌, 엉뚱한 곳에 세워져 있는 차 뒷좌석에서
지도를 보며 옥신각신하던 부모님의 모습이
잠결에도 우스워 보였던 어린 시절이 있다.
잠든 삼남매를 뒷좌석에 태우고 밤새 달렸을 그 고단함을
그때는 미처 몰랐다.

'부모가 되어보니, 두 분의 마음을 알 것 같아요.'
그렇게 말할 수 있었으면 좋았을 텐데.
여전히 그 앞에선 어린아이가 되어
"엄마, 밥 줘."하며 벌러덩 누워 게으름을 피운다.
김치찌개에서 고기만 쏙쏙 골라 먹으며 반찬 투정을 한다.

하나부터 열까지 엄마의 챙김을 받던 나이가 지나고
혼자 할 수 있는 게 하나씩 늘어나기 시작하면서
어느 순간부터 부모와 시간을 보내는 대신
친구들과 시간을 보냈고, 사랑하는 사람을 만났다.

엄마 아빠에게서 뻗어져 나온 뿌리가 자라서 줄기가 되었다.
두 분의 그늘이 아닌 곳에 나만의 가정을 꾸려 자리 잡았다.
우리는 여전히 부모와 자식이었지만,
이제는 가족이 아니었다.

그런 우리가 함께 여행을 떠났다.
온 식구가 함께는 아니었지만
엄마 아빠와 나, 그리고 나의 너.
이렇게 우린 한 차를 타고 집을 떠나 시간을 보내기로 했다.

조금은 불편했다.
이미 오랜 시간을 떨어져 지냈기에
잠에서 깨는 시간부터, 좋아하는 음식이라든가 여행 취향까지
너무나 달랐으니까.
어린 너와, 중간에 끼인 나, 그리고 엄마 아빠까지
어쩌면 우리는 서로를 배려하는 탓에
혹시라도 삐걱삐걱 관계가 나빠지지 않을까
내심 초조하기도 했다.

엄마 아빠는 여전히 부지런했다.
엄마는 새벽부터 일어나 한 상 가득 아침을 차려놓고, 자는 우리를

깨웠다.
여행까지 와서 집밥 먹냐고 툴툴대는 내 말은 들은 척도 안 했다.
식사를 마친 아빠는 그날의 일정을 우리에게 전하고,
엄마가 뒷정리하는 동안 차에 시동을 걸어 놓은 채 짐을 옮겼다.
웬만한 패키지여행보다 빠듯한 일정에 시작하기도 전에 지쳤다.

아련한 기억 속의 그 언젠가처럼
아빠가 운전대를 잡고, 엄마가 그 곁에 앉아 있었다.
비록 삼남매 완전체는 아니지만,
두 사람 뒤에 여전히 내가 있었다.
그리고, 내 곁엔 네가 있었다.

잠자리가 예민한 탓에 여행지에 가면 잠을 잘 못 이루던 나였는데,
엄마 아빠와 함께하는 여행은
웬만한 극기 훈련보다 힘들었나 보다.
흔들리는 뒷좌석에서 꾸벅꾸벅 눈이 감겼다.
나도 모르게 깜빡 잠이 들었다.
얼핏 잠에서 깬 내 귓가에 상냥한 목소리가 들렸다.
졸고 있는 내가 깨지 않도록
너에게 소곤소곤 말을 건네는 두 분의 목소리였다.

사실 조금 쉬고 싶던 시기였다.
아르바이트하며, 너희를 돌봐야 했고,
틈틈이 쥐어짜, 내 몫의 시간을 갖고 싶었다.
별다른 소득도 없이, 이렇다 할 결과물도 없이
그저 앞만 보고 달리고 있었으니
지칠 수밖에 없던 때였다.
그래서 잠시 쉬고 싶었나 보다.
그렇기에 선뜻 따라나섰나 보다.
집이라는 공간을 벗어나고 싶어서.

두 분은 네게 학교생활에 관해 물었고,
뻔하고 뻔한 초등학생의 일상을 들으며 즐거워했다.
너 역시 스마트폰 한 번 꺼내지 않고
재잘재잘 쉴 새 없이 떠들어댔다.

어쩌면 우리는 서로의 이야기가 그리웠던 걸까.
나의 이야기를 나누고, 당신의 이야기를 품어줄
서로가 필요했나 보다.

그 소리를 자장가 삼아, 다시 짧은 낮잠에 빠져들었다.

그제야 보였다.
내가 너의 컵에 물을 따라주는 동안
잘 구워진 고기를 내 밥 위에 올려주던 엄마의 주름진 손길이.
내가 너의 손을 잡고 가파른 계단을 내려오는 동안
내 가방을 트렁크에 실던 아빠의 앙상해진 어깨가.

나는 여전히 어린 애였구나.
나는 여전히 사랑받고 있구나.

30년 넘게 나를 지켜주던 두 분의 모습에
내가 있고, 네가 있었다.
내 자식만 챙기느라 소홀했던 나를
여전히 챙겨주고 있던 두 분에게
나는 여전히 어린 애였다.

내 마음이 두 분에게 닿지 않아도 괜찮다.
억지로 우리 관계를 미화시킬 생각도 없다.
그저, '이런 날도 있더라' 하며 기억하고 싶은
그날의 이야기다.

아빠 차를 타고 여행을 떠난 날

+ 기억하고 싶은 한 문장 +

+ 오늘의 마음 기록 +

저희 아이들은 라면을 가장 좋아해요. 저는 떡볶이를 좋아하고요.
일주일 내내 먹으라고 해도 먹을 수 있을 거예요.
한 지붕 밑에 사는 남편, 나, 그리고 아이들이 좋아하는 음식을 떠올려 보세요.
어떤 맛인지, 어떤 냄새인지, 어떻게 만드는지
당신은 누구보다 잘 알고 있을 거예요.
그렇다면, 이번에는 부모님이 좋아하는 음식에 대해 생각해 보세요.
생각나는 게 있나요?

5장

다시 나로 서는 연습. 천천히 그리고 함께

너희가 하나씩 문을 열고 사라지면
소란스러웠던 로비가 차분해진다.
뒷모습을 향해 손을 흔들며 떠나보낸 후에야
소리죽여 재잘재잘 엄마들의 사랑방이 된다.
"그 얘기 들었어?"로 시작된 누군가의 목소리에
옹기종기 모여있던 그녀들의 시선이 한곳으로 쏠린다.
안 들리는 척, 관심 없는 척, 손에는 책을 펼치고 있었지만
내 귀도 그곳을 향하고 있었다.
아이들이 수업을 받는 동안 엄마들이 모여있는 대기실이라는 건
수많은 정보가 오가는 곳이었으니까.
그 사이를 파고 조용조용한 목소리 하나가 들려왔다.

"목소리를 잃은 인어공주는 아무런 대답도 할 수 없었어요.
인어공주는 너무 슬퍼 눈물을 흘렸어요."

대기실 책꽂이에는 수많은 공주가 있었다.

책장이 너덜너덜해질 때까지 읽은 인어공주는
목소리도 잃고, 사랑도 잃은 채, 물거품이 되어 사라지고 말았다.
"엄마, 인어공주가 너무 불쌍해."
언니의 수업을 쫓아왔을 꼬마가 엄마를 올려다보며 말했다.
나 역시 조용히 고개를 끄덕였다.

어쩐지 나도 목소리를 잃은 것 같은 기분이 들었다.
목소리를 잃은 인어공주가 '나'를 잃어버린 나 같아서
너무나 불쌍했다.
아직 내가 존재하고 있음을 잊지 않기 위해
괜히 헛기침을 했다.
오직 너에게만 연결된 채,
자칫 물거품이 되어 사라져 버릴 것 같은
흐릿해진 나를 돌아보며 마른침을 삼켰다.

대기실 의자에 몸을 깊숙이 밀어 넣고 수업 중인 너를 바라봤다.
눈이 마주치면 손을 흔들며
너에게 집중하고 있음을 표현했다.
사실은, 영원히 멈추지 않는 라디오를 틀어놓은 듯한 그곳에서
쉬지 않고 터져 나오는 이야기에 귀를 기울인 채였다.

누구는 수학 선행 진도가 어디까지 갔다더라.
누구는 영어 레벨 테스트 결과가 어떻다더라.
누구는 어떻고, 또 누구는 어떻다.
수많은 누군가의 이야기가 소곤소곤 들렸다.

여전히 시선은 네게 고정되었던 동안
수많은 '누구'가 수면 위로 떠올랐다.
다만, '나'에 대한 이야기를 하는 이는 없었다.

오늘 하루도 너를 위해 음식을 하고, 네게 어울리는 옷을 사고,
네가 머무를 공간을 정리하고, 하루 종일 너를 떠올리며 시간을 보냈을 텐데.
막상 나의 입에는 제대로 밥 한술 떠넣지 못한 채
허겁지겁 달려와 앉아 있는 우리가 있었다.
꽝꽝 뭉친 어깨를 맨손으로 주무르는 동안에도
너를 향한 우리의 시선은 고정되어 있었다.
혹시라도 나를 찾을까 봐, 화장실 한 번 마음대로 가지 못한 채
네 눈이 닿는 자리를 지키고 있었다.

네가 오늘 몇 번 울었는지는 기억하면서
나는 언제 웃었는지 모르는 사람.

너를 종일 떠올리는 하루 속에서
나라는 존재가 작아지는 사람.
여전히 존재하지만, 목소리가 들리지 않는 인어공주처럼
어쩌면 물거품이 되어 사라지기를 바라고 있을
그럼에도 차마 너를 두고 사라질 수 없는.

그런 사람을 우리는 '엄마'라고 불렀다.

일기장 구석에 '여행 드로잉, 글쓰기'를 적은 적 있다.
너를 위한 미술학원이나 논술학원이 아닌
내가 듣고 싶은 강좌의 이름이었다.
하지만 선뜻 손이 가지 않았다.
그 돈이면 훌쩍 짧아진 네 바지를 살 수 있을 텐데.
네가 좋아하는 치킨을 먹을 수 있을 텐데.
수많은 네 얼굴을 떠올릴 수밖에 없었다.

그렇다고 '너 때문에'라고 원망하지는 않는다.
그만큼 간절하지 않은 내 탓일 뿐.
차마 비싸서 못 하겠다는 말은 하지 않았다.

그럼에도 글쓰기 클래스 페이지를 들락거리는 건 아쉬움 때문이었다.

등록 마감일에 알람까지 맞춰놓고 미련을 끊어버리지 못한 채였다.
개강까지 한 달 가까운 시간을 고민했다.
이런 내게 옆집 언니가 어깨를 토닥여주었다.
"우리, 하고 싶은 거 하나 정도는 해도 되지 않을까?
당장 굶어 죽을 정도만 아니라면
그 정도는 너그러워도 괜찮지 않아?"

마주친 술잔 덕분일까?
못 이기는 척 등록 버튼을 누를 수 있었다. 물론 할부였지만.
그러나 마감 전날까지 고민했던 게 무색할 정도로 아무 일도 일어나지 않았다.
그럼에도 '취소할까' 고민했던 건,
아마도 나에 대한 확신이 없었기 때문일 것이다.
'금방 질려버리면 어떡하지.'
'글쓰기 하는데, 이런 돈을 들인다니 말도 안 돼.'
수많은 자기 비하가 나를 들쑤셨다.

속절없이 시간이 흐르고, 어느새 업체로부터 채팅방 링크를 전달받았다.
눈을 질끈 감고 손가락에 힘을 줬다.
백 명이 넘는 인원이 채팅방에 있었다.

요즘 책 읽는 사람이 줄었다며, 출판사들은 걱정이 많다는데,
이렇게나 글쓰기에 목마른 사람이 많았다니.
눈으로 보면서도 믿기지 않았다.
나이대도, 사는 곳도, 하는 일도 모두 달랐지만
누군가의 엄마가 아닌 오롯이 나로 살아가고 싶은 마음에
우리는 그곳에 모였다.
아마도 비슷한 마음이었을 그들을 향해
소리 없는 박수를 보냈다.

아이를 하나 키우는데, 온 마을이 필요하다고 한다.
그런데, 그 마을을 구성하는 우리는 가장 중요한 나를 잊고 있는지도 모른다.

그렇게 시작한 글쓰기는 내 마음을 들여다보는 창문이 되었고,
채팅방을 공유하는 이들은 그 창문을 열어주는 바람이 되었다.
각자의 마음을 담은 문장 하나로 때로는 울고 때로는 웃으며
우리는 조금씩 가까워졌고,
비로소 '나'를 되찾기 시작했다.

여전히 '나'와 '엄마' 사이에서 불안정한 줄타기를 하고 있다.
하지만, 이제는 나를 보살피는 방법을 배웠다.

그리고, 혼자 빨리 가는 것보다 좋은 건
'천천히' 그리고 '함께'라는 것도 알게 되었다.

오늘도 우리가 적어 내려가는 문장이 서로의 등을 토닥인다.

우리가 함께 '나'를 찾기 시작한 날

+ 기억하고 싶은 한 문장 +

+ 오늘의 마음 기록 +

저는 가끔 등산을 해요.
산을 오를 때마다 '내가 왜 여기 와 있지'라며 후회하기도 하고,
먼저 정상을 찍고 내려오는 낯선 사람들을 쫓아 내려가고 싶은 순간도 분명 있어요.
그럼에도 앞에서 끌어주고 뒤에서 밀어주며, 그렇게 한 걸음씩 나가다 보면 얼마나 설레고 기쁜지 몰라요.
반드시 한 번에 올라가지 않아도 괜찮아요. 힘들면 쉬엄쉬엄 가면 되니까요.

거울 앞에서 나에게 말 걸기

"엄마, 여기 있어?"
"엄마, 나 좀 봐."
"엄마, 나 잘했지?"
"엄마, 나랑 같이하자."

작은 너는 종일 나를 따라다니며, 자신의 존재를 알렸다.
그 모습이 귀여워 일부러 문 뒤에 숨어본 적도 있었다.
내가 어디를 가든 너의 목소리는 나를 졸졸 따라다녔다.
어미 새의 뒤를 쫓는 새끼처럼,
도무지 떨어질 줄 몰랐다.
가끔은 네가 없이 외출했는데도
'엄마'라는 소리에 깜짝 놀라 돌아보는 나를 발견하고
헛웃음을 지었던 적도 있다.

언젠가부터 내 이름은 '엄마'였다.

"엄마는 꿈이 뭐야?"
이 나이 먹으면 진로 고민 따위 하지 않을 줄 알았는데.
네가 던진 한마디에
애써 숨겨두었던 마음이 들썩거렸다.
마음속 깊이 꼭꼭 숨겨놓았던 그것들이
꿈틀꿈틀, 제 머리를 밖으로 내밀었다.

분명 내게도 꿈이 있었다.
흰 건반 위로 짧은 손가락이 뛰어노는 동안에는
피아노 선생님이 되고 싶었다.
비록 지금은 바이엘 1권을 치고 있지만
언젠가 선생님처럼 아름다운 음악을 연주하는
그런 사람이 되겠노라고 다짐했다.

서태지, HOT, GOD 같은 아이돌 1세대를 보고 자랐다.
오빠들의 일정을 알아내어 커다란 현수막을 만들고,
방송국 앞에 줄을 서서 기다리면서
그들 중 누군가의 아내가 되겠다며 헛된 꿈을 꾸기도 했다.

라디오 주파수를 맞추며 라디오 작가를 꿈꾼 적도 있다.
교과서 구석에 졸라맨을 그리며 만화가가 된 나를 상상했다.

눈에 보이는 모든 것을 꿈꾸며
어른이 되길 기다렸다.

스무 살이 넘으면, 서른이 넘으면,
굉장한 어른이 되어있을 줄 알았다.
그런데, 마흔이 넘은 지금
나는 그저 엄마일 뿐이었다.

네가 아빠 손을 잡고 할머니 집에 갔던 날,
고작 몇 시간의 자유였지만, 나는 무척 설렜다.
금쪽같은 내 새끼라도 24시간 동행은 버거웠으니까.

시한폭탄을 쥐고 있는 것처럼 마음이 급해졌다.
언제가 마지막이었는지 기억나지 않는 미용실에 갈까,
학교 교복도 3년이면 바뀌는데,
그 기간을 훌쩍 넘은 티셔츠 대신 새 옷을 사볼까.
읽고 싶었던 책을 읽을까, 밀린 드라마를 볼까,
누구라도 만나 노키즈존에서 와인잔을 기울여볼까.

하지만, 네가 돌아왔을 때
나는 여전히 그 옷을 입고 있었고,

헝클어진 머리카락 위로 먼지가 소복이 쌓인 채
벌컥벌컥 찬물을 들이키고 있었다.
계절이 바뀌었음에도 애써 못 본 척했던 옷더미가
그제야 눈에 들어왔기 때문이다.
네가 없는 동안에도, 나는 엄마였다.

너는 또 엄마를 부르기 시작했다.
"엄마, 할머니랑 뽑기 했어."
"엄마, 고모도 왔어."
"엄마, 엄마, 엄마."

"엄마는 하루에 백 번만 부르는 거야.
지금 백 번 넘었으니까, 오늘은 그만."

딸칵, 소리와 함께 화장실 문을 잠갔다.
'엄마'라는 말을 피해 도망친 곳이 고작 화장실이었다.
너를 품에 안고 볼일을 봐야 했던 때를 떠올리니
그곳에라도 혼자 있을 수 있음에 감사하지만,
화장실 거울에 비친 푸석한 내 얼굴은 그때와 별반 다르지 않았다.
괜히 변기 손잡이를 내려 한 번씩 물을 흘려보냈다.
별다른 일 없던 변기는 투명한 회오리를 만들어내며

꼬르륵 한바탕 물갈이를 했다.
어디로 흘러갈지 모르는 그 물줄기가 부러웠다.
할 수만 있다면, 나도 그것을 따라가고 싶었으니까.

"혹시 한 달만 아르바이트할 수 있어?"

거울 속에 갇혀있던 내게도 회오리바람이 불었다.
너의 출산을 한 달 남겨두고 회사를 그만둔 이후
처음 온 기회였다.

하지만, 선뜻 '그래'라는 대답이 나오지 않았다.

회사를 그만둔 지 7년이나 되었는데, 뭘 할 수 있겠어.
아무리 단기 아르바이트라도 그동안 애가 아플 수도 있잖아.
괜히 소개해준 사람만 곤란해지는 거 아니야?

고작 하루 세 시간, 일주일에 열다섯 시간짜리 사무보조 아르바이트였다.
일주일을 꽉 채워도 한나절밖에 안 되니.
그렇게 고민할 만큼 굉장한 일도 아니었는데,
7년이라는 시간 속에 사라진 나는 차마 용기가 나지 않아

자꾸만 거울 속으로 숨으려 했다.

남편은 "하기 싫으면 하지마."라고 했다.
근무 시간도, 급여도 적으니 굳이 할 필요 없다는 뜻이었다.
사춘기 소녀처럼 삐뚤어진 마음이 울컥 치솟았다.
내가 듣고 싶은 답은 그게 아니었으니까.
고작 그 시간 동안, 세상을 흔들만한 일이 일어나진 않을 것이다.
고작 한 달로 굉장한 돈을 벌 수 있는 것도 아니다.
하지만, 그건 거울 속으로 숨기만 하던 나를
세상 밖으로 꺼내 주겠다는 손길이었다.
숨어서도 바깥세상을 동경하던 나를 향한 동아줄이었다.

사실은 그 줄을 잡으라고 등 떠밀어주길 바랐다.

다시 화장실로 숨어들어 통화 버튼을 눌렀다.
"할래."

거울 속 나와 눈을 마주치며 답했다.
세상으로 나가겠노라고. 용기 내어 보겠다고,
나도 이제 나로 살기 위해 한 걸음 내딛겠다고 내게 말했다.

.... 다시 내가 되어 세상 밖으로 나가기로 결심 한 날

+ 기억하고 싶은 한 문장 +

_____

+ 오늘의 마음 기록 +

저는 참 많은 후회를 하며 살아요. 잘한 것보다 못한 것에 대한 기억이 오래가더라고요.
하지만, 이날의 기억은 칭찬으로 남아있어요.
벌써 7년째 그곳에서 일하고 있거든요.
물론 근무 시간도, 급여도, 그때보다는 올랐습니다.
이 글을 읽고 있는 당신도 좋은 기회를 잡아본 적 있나요?
기회를 놓친 것도 괜찮아요. 한 가지만 떠올려 보세요.

_____

어제의 그것들이 내일의 당신에게 찾아올 기회를 알아볼 수 있는 디딤돌이 되어줄 거예요.

나를 안아주는 마음 습관

"고맙습니다."

퇴근하는 내게 사장님이 인사를 건넸다.
7년 만에 다시 시작한 사회생활 첫날이었다.
고맙다는 말을 들으면 기분이 당연히 좋아야 하는데,
아는 사람 하나 없는 모임에 참석한 것처럼
한없이 불편하고 어색했다.
고마울 만한 일을 하지 않았으니까.

고작 3시간이었다.
그동안 무슨 일을 할 수 있었겠는가.
그럼에도 다음날도 또 다음날도
고맙다는 말을 들었다.

어쩌면 영업일을 오래 했다는 사장님의 오래된 말버릇이었는지도
모른다.

하지만, 무심코 건네받은 그 한마디는
내가 정말 고마운 일을 한 것 같은 기분이 들게 했다.
내가 상당히 필요한 사람이 된 것 같았다.
최근 들어 그런 말을 들어본 기억이 없기 때문일지도 모른다.

식당 아주머니가 차려주는 밥에는
꼬박꼬박 '고맙습니다'라고 말하는 당신이었지만,
막상 내가 차려준 밥에는 말을 아꼈다.
숟가락 하나 대신 놓아주는 법이 없었다.
엄마니까, 아내니까. 어쩌면 당연하다고 여겼는지도 모른다.
당신의 엄마에게 그러하듯이,
내가 내 엄마에게 그러했듯이.

얼굴도 모르는 시댁 조상의 제사상을 차리는 동안에도
고맙다는 말은 듣기 힘들었다.
정작 그의 후손은 앉아서 신나게 술잔을 채우는데
피 한 방울 섞이지 않은 나는 부지런히 음식을 날라야 했다.
며느리로서, 아내로서 당연히 해야 하는 일이니까.
제대로 하지 않으면 못된 후손이라 손가락질하지만
제대로 한다고 해서 누구 하나 칭찬하거나 토닥여주지 않는다.
그건 고마운 일이 아니니까.

당연한 일이었으니까.

갑자기 머리가 아파져서 잠든 엄마를 깨웠을 너를 돌봐야 하는 것도,
아침상을 치우면서 저녁 메뉴를 고민해야 하는 것도,
당신이 늦잠 자는 동안 뒤집어진 양말을 똑바로 해 세탁기에 넣는 것도
무엇 하나 고마운 게 없었다.
모든 건 당연한 일이었다.

어쩌면, 나부터도 그렇게 생각했던 것 같다.
엄마니까, 아내니까.
사실은 당연한 게 아니어야 했는데.
엄마도 쉬고 싶고, 엄마도 피곤한데.

그래서 조금 화가 났다.
양말은 그대로 뒤집은 채 세탁기에 돌렸고
보란듯이 당신의 옷만 골라 엉망으로 정리했다.
저녁 밥상을 차리며 일부러 숟가락을 쾅쾅 내려놓고
맛있는 반찬은 내 앞에 두고 가장 먼저 집어 먹었다.
리모컨을 잡은 네게 "숙제는 다 했어?"라며 눈을 흘기고
한 걸음 한걸음에 한숨을 가득 담아

발뒤꿈치에 잔뜩 힘을 준 채 쿵쾅쿵쾅 집안을 돌아다녔다.
나의 불편한 마음이 당신들의 마음에도 구석구석 닿길 바랐다.

'어차피 고맙지도 않잖아.'
삐뚤어진 마음이 가진 소심한 복수였다.

하지만, 나란 인간은 얼마나 단순한지
"고맙습니다." 그 한마디에 고마운 일을 하고 싶어졌다.
약속된 시간보다 일찍 출근했고,
근무시간 동안 최대한 딴짓을 하지 않으려 애썼다.
굉장히 중요한 일을 맡은 건 아니었지만,
최선을 다해 시간을 보내기로 했다.
물론 급여를 받는 만큼 성실해야 하는 건 맞지만,
"고맙습니다."라는 말은 계약 사항이 아니었으니
그에 대한 나의 보답이었다.

그런데, 우습게도 그 후로 조금씩 많은 게 변했다.
집에 돌아온 내 눈에
너희들의 고마운 모습이 보였다.
내가 고맙다는 말을 들어 좋았던 것만큼
너에게 고맙다고 말해주고 싶었다.

"물티슈 좀 가져다줘."라는 말에
가지고 놀던 장난감을 내려놓고 단번에 엉덩이를 떼던 너.
당연한 줄 알았던 너의 모습에 고마움을 느꼈다.
"고마워"라는 말에
칭찬을 받았다고 행복해하며 헤헤 웃었다.

문손잡이에 옆구리를 찧어 고꾸라졌을 때
놀란 마음에 다가와 '호호' 입김을 불어주었던
너의 따뜻한 마음이 고마웠다.
눈을 동그랗게 뜨고 어쩔 줄 몰라 하던 그 모습에
내가 정말 사랑받고 있구나, 하는 마음이 들었다.
내 아픔에 신경 쓰느라 놓칠뻔한 마음에 고마움을 전했으니,
너는 좀 더 따뜻한 사람이 될 터였다.

식구들이 잠들어있는 시간
어둠을 밝히며 홀로 집을 나섰을 당신의 뒷모습에
온 마음을 담아 고마웠다.
한 번쯤 알람 소리 따위 신경질 내며 꺼버릴 수 있었을 텐데.
단 한 번의 게으름 없이 무거운 몸을 일으켰겠지.
아빠니까, 가장이니까.
그 이름에 가려진 당신의 모습에도

당연한 건 아무것도 없었다.

그제야 보였다.
나를 둘러싼 수많은 고마움이.
내가 듣고 싶었던 것만큼, 너도 듣고 싶었을 그 말이.

'너 없이는 못 살아.'
그 마음이 벅차올라 평생 함께하겠노라 다짐했을 것이다.
하지만, 콩깍지가 벗겨지고 하루하루 시간이 지남에 따라
현실을 마주하고 조금씩 지쳤을지도 모른다.
매일 조금씩 늘어나던 책임감에,
그때의 사랑은 흔적도 없이 사라졌을 것이다.
그렇게 벌어진 마음은 걷잡을 수 없이 멀어졌을 것이다.
너랑 사는 건 오늘이 마지막이다, 하며 던진 마음을 담은 한마디에
"그러게. 네 마음이 정말 그랬겠다."라고 답한 남편의 말에
품에 숨겨둔 이혼 서류를 화장실에서 벅벅 찢어버렸다던 친구의 마음처럼
어쩌면, 우리가 바랐던 건 단 한마디였는지도 모르겠다.

잠들기 전 이불을 덮고 누워, 내게 말을 걸었다.

그래, 애썼다. 이미 충분히 잘하고 있어.
토닥토닥, 가슴에 손을 얹고 살포시 두들겨 본다.
내 손의 온기가 마음에 와 닿았다.

나에게, 너에게 "고맙습니다"라는 말을 전한 날

+ 기억하고 싶은 한 문장 +

+ 오늘의 마음 기록 +

오늘도 부지런히 살았을 당신. 오늘 하루는 어땠나요?
아마 아이를 돌보느라 바빴을 거예요.
모처럼 약속이 생겨 들뜬 기분으로 하루를 보냈을지도 모르죠.
마음이 무거워져 아무것도 하기 싫었을 수도 있어요.
오늘 당신에게 가장 기억나는 일은 무엇이었나요?

그때의 내게 해주고 싶은 마음이 있다면 적어보세요.
당신의 마음에 닿을 거예요.

아이에게도, 나에게도 따뜻한 말 한마디

동화 속 백조는 자신이 오리라고 생각했다.
알에서 깨자마자 만난 어미 오리를 보고,
그가 자신의 어미라고 생각했기 때문이다.

아이들은 새끼 새와 닮았다.
낯선 것을 마주했을 때,
엄마나 아빠의 반응을 보고
그것에 대한 자신의 반응을 정했다.

아빠가 엄마의 가방을 대신 들어주면,
엄마는 보호해 줘야 할 존재가 된다.
"언젠가의 나도 아빠처럼 엄마를 지켜줄 테야."
어린 아들은 이렇게 다짐할 것이다.
"난 날개 달리고, 다리 많은 건 딱 질색이야."
엄마가 바퀴벌레를 보고 비명을 질렀다면,
아이는 벌레를 보면 도망 다니기 바쁠 것이다.

사슴벌레 따위 아무렇지 않게 잡던 아이였을 텐데,
'아, 벌레는 징그럽고 무서운 것이로구나'라고 여기게 된다.
어미 오리를 보고, 제 어미라 여기는 백조처럼
그렇게 각인 되는 것이다.

각인이라는 게
어쩌면 아이에게만 해당하는 것은 아닐 것이다.
날 닮은 너의 얼굴을 보며,
너도 나처럼 수줍음을 많이 타겠지,
너도 나처럼 용기가 부족할 거야,
내 멋대로 너를 결정짓고 판단했다.
엄마라는 이유만으로
내가 너를 가장 잘 알 거라고 착각한 것이다.

"엄마, 나 오늘 회장 선거 나갔어."
"뭐? 어딜 나가?"
"회장 선거. 그런데 한 표 나왔어. 내가 나 뽑은 거야."

자신에게 던진 한 표라니.
나였으면 이불킥만 열다섯 번쯤 했을 일이다.
어쩌면, 부끄럽고 속상해서 문 걸어 잠그고 혼자 밤새 울었을지도 모른다.

'아마 너도 그럴 테지.'

분명 상처받았을 너를 어떻게 달래줘야 할지 초조했다.

하지만 너는 태연했다. 아니, 오히려 웃었다.

"괜찮아. 나는 내가 되길 바라서 나를 뽑은 거잖아.

친구들은 나랑 생각이 다를 수도 있지."

순간 말문이 막혔다.

너는 나와 달랐다. 너는 내가 아니었다.

나는 용기 없는 사람이었다.

학급 임원 후보에 손 한 번 들어본 적 없었다.

'나도 한 번쯤 해보고 싶은데'라는 생각은 했지만

내가 하겠다고 손을 들 용기가 없었다.

손을 드는 순간 내게 쏠릴 시선이 두려웠다.

"누가 대답해 볼래?"하는 선생님의 말씀에도 손을 들지 못했다.

괜히 잘난 체하는 것처럼 보일까 봐,

혹시라도 내가 말한 답이 틀렸을까 봐.

지레 겁먹고 손을 뒤로 숨기기 바빴다.

고개를 숙이고 선생님의 시선을 피했다.

내 선택에 자신이 없었다.

대체 뭐가 그렇게 겁이 났던 걸까.

심지어 시험 시간에 OMR 카드가 찢어졌을 때도

"바꿔주세요"란 말 한마디를 삼키고 삼켰다.

그랬던 나였기에,

내가 하겠노라 당당히 손을 들었을 너의 용기는

대단함, 그 자체였다.

"엄마는 어릴 때, 회장 선거 한 번도 안 나가봤어.

너는 정말 용기 있는 사람이구나."

너의 작지만 단단한 어깨를 껴안으며 던진 말은 진심이었다.

나를 닮았다고 걱정만 했던 내가, 오히려 너를 통해 배우는 중이었다.

어쩌면 너는 내가 미처 자라지 못한 곳까지

이미 발을 내딛고 있었는지도 모른다.

"2학기 때 다시 도전할 거야."

"또 한 표 나오면?"

저녁 식사 자리에서 네가 한 말에 동생이 물었다.

"그래도 괜찮아. 내년에 또 하면 되지 뭐."

"괜찮아."

그 한마디에 불안했던 마음이 차분해졌다.
"괜찮다"는 너의 말 한마디에
모든 게 정말 괜찮아졌다.
또 그 말은 우리 모두에게 위로가 되었다.
너희 입에서 나온 한마디가, 내 오래된 결핍을 채워주었기 때문이다.

안타깝게도 너는 2학기에도 부회장이 되지 못했다.
그리고, 2년이 지난 어느 날.
"엄마, 나 부회장 됐어!"
째지는 너의 목소리가 수화기 너머로 들려왔다.
분명 환하게 웃고 있을 너의 얼굴이 내 마음에 가득 채워졌다.

너는 포기하지 않았다.
실패를 두려워하지 않았다.
너는 나와 다름을 선명하게 보여주었다.

기다려주길 잘했다.
재촉하지 않아서 정말 다행이다.
한 표 받고 떨어졌던 그날이
실패를 경험해 본 그날이
오히려 소중해졌다.

"우리 치킨 시켜 먹을까?"

"좋아!"

그날의 치킨은 지금까지 먹어본 것 중 최고의 맛이었다.

회장도 아니고 부회장이었다.

전교 부회장도 아니고 학급 부회장이었다.

하지만 그건 세상에서 가장 근사한 자리였다.

너의 용기가 만든 자리였으니까. 네가 행복했으니까.

"괜찮아."

어쩌면 나도 이 말이 듣고 싶었나 보다.

누군가 내게 말해주길 기대하고 기다렸나 보다.

하지만 왜 나는 나 스스로 내게 말해줄 생각을 하지 못했을까?

"괜찮다, 괜찮아."

너의 말을 나지막이 따라 해봤다.

너는 어제보다 한 뼘 더 자라 있었다.

나의 마음이 꽉 채워졌다.

내게 괜찮다고 말을 건넨 날

+ 기억하고 싶은 한 문장 +

+ 오늘의 마음 기록 +

저는 무언가 결정하기 전에 고민을 많이 하는 편이에요.
아이들 학원을 고를 때도, 물건을 살 때도
혹시라도 실패할까 봐 겁나기도 하고, 내 선택에 자신이 없더라고요.
이 글을 읽고 있는 당신은 어떤가요?
최근에 무언가 '하고 싶다'라고 말해본 적 있나요?
실패해도 괜찮다고, 나 스스로에게 말해준 적 있나요?
무언가를 시작하기 전에 망설이는 나에게, 한마디 위로를 건네주는
게 어때요?

6장

우리는 모두 회복 중인 사람들

"아이고, 예뻐라."
"지금이 정말 예쁠 때야."
유모차에 누워있는 너를 들여다보며 사람들이 한마디씩 건넸다.
"애가 정말 순하게 생겼네."
"이런 애기는 열 명도 키우겠어."
"그런데, 애가 너무 더워 보이지 않아?"
"아들은 시원하게 키워야 하는데."
부처님처럼 선한 미소를 짓고 있었지만,
선을 넘은 참견에 나도 모르게 인상이 찌푸려졌다.

'그렇게 좋으면, 지금이라도 하나 더 낳지 그러세요.'
나도 모르게 튀어 나갈 뻔한 말을 꾹꾹 눌러 담았다.
다시 가면을 쓰고 선한 미소를 지었다.

분명 악의가 없는 것도 알고, 네가 예뻐서 하는 말인 것도 안다.
하지만, 어떤 말도 곱게 들리지 않았다.

사춘기를 겪고 있는 학생들보다, 내가 더 예민했으니까.

매일 뜬눈으로 밤을 지새워야 했다.
두세 시간에 한 번씩 울어대는 너를 가슴에 끌어안고
침대도 아닌 벽에 살짝 기대앉은 채 잠깐 눈을 붙여야 했다.
어떤 날은 그마저도 사치였다.
어린 너는 자신을 안고 있는 엄마의 몸이 어딘가에 닿는 것을 허락하지 않았다.
눈앞은 온통 흐릿했고, 머릿속은 아득했다.
배냇짓하는 너를 보며 웃어주고 싶었는데,
눈물이 흘렀다. 그것도 내 의지는 아니었다.

사람들이 말했다. 힘든 건 잠깐일 뿐이라고.
눈 깜빡할 사이면 부쩍 자라서 더 이상 나를 찾지 않을 거라고.
그러니, 그때 후회하지 말고, 지금 최선을 다해 사랑하라고.
하지만, 아무리 눈을 깜빡거려도 너는 자라지 않았다.
평생 할 효도를 지금 다하는 거라고 하던데,
이런 효도라면 조금도 받고 싶지 않았다.
"그래도 아기 웃는 얼굴 보면 행복하지? 힘든 줄도 모를 거야."
무심코 던진 누군가의 말에 나는 무너지고 말았다.
엄마라면 네 미소를 보면 행복해서

힘든 줄도 몰라야 하는구나.
그렇다면 나는 엄마 자격이 없는가 보다.
엄마도 아닌가 보다.

분명 처음에는 예뻤던 것 같다.
내 손가락 하나 잡는 데에도 다섯 개의 손가락을 모두 써야 하는 너의 작은 손이
어떤 말로도 표현할 수 없을 정도로 사랑스러웠다.
까만 눈동자로 나와 눈을 마주치며 웃었던 날은
가슴이 벅차오르다 못해 터져버릴 것 같았다.

하지만, 어느 순간부터 그 모든 게 힘들었다.
아무리 노력해도 내가 감당할 수 없는 크기의 고통이었다.
힘들어도 힘들다고 말할 수 없는 게 가장 괴로웠다.
누구나 겪는 일이었으니까. 나만 하는 게 아니었으니까.
약한 소리 할 시간에 아기와 눈 한 번 더 맞춰주라고 했다.
아이는 엄마의 감정을 먹고 자란다고 하니
내 힘듦 따위 잠시 접어두고, 너를 보며 웃기로 했다.
감정을 숨기기로 했다.

하지만 아무리 애써도 그것들은 숨겨지지 않았다.

숨기려 할수록 오히려 제 몸을 크게 부풀려 강하게 존재감을 드러
냈다.
작은 일에도 크게 화를 냈고, 별거 아닌 일에도 눈물이 흘렀다.
그럼에도 억지웃음을 쥐어짜며 하루를 버텼다.
모두가 잠든 밤이 된 후에야, 비로소 나로 돌아와 깊은숨을 내쉬었다.
그것도 잠깐일 뿐,
또 다른 육아가 기다리고 있는 내일을 준비해야 했다.

"그거 산후우울증이네."
옆집에서 키우는 개 이름이 바둑이래, 하는 것처럼 무심한 말이었다.
내가 무엇을 느끼고 생각하든, 어떤 감정을 느끼고 있고 무엇을 바
라고 있든
그런 건 전혀 중요하지 않았다.
모든 상황이나 감정에 '산후우울증'이라는 이름표가 붙어 가볍게
여겨졌다.
내가 겪는 혼돈은 산후우울증, 그 이상도 그 이하도 아니었다.

"아이를 키운다는 거 행복하지 않아? 아무리 노력해도 안 되는 사
람도 있잖아."
누군가 내게 물었다.
물론 행복하다.

하지만, 누군가의 우주가 된다는 건 그보다 큰 책임감이 필요했다.
너는 분명 내가 없이는 아무것도 할 수 없었으니까.
혼자 침대에서 내려올 수도 없었고, 밥을 차려 먹을 수도 없었다.
그런 너를 지키기 위해 나는 많은 것을 포기하고 많은 것을 감내해야 했다.
나는 분명 숨을 쉬고 있었지만, 점점 사라지고 있었다.
너를 보며 그저 행복하기만 할 순 없었다.

주변에 정신과 진료를 받는 이들이 하나둘씩 늘었다.
상담을 받고, 때에 따라 약물을 처방받는 이도 있었다.
그러는 동안에도 '내가 너무 나약한가 봐'라며 끊임없이 자신을 탓했다.
내가 아는 그는 작은 바람 한 줄기에 눈물을 또르르 흘릴 만큼 약한 사람이 아니었다.
다만, 자신의 감정을 참고 숨기다 보니 결국 무너지고 말았다.

사람들이 건넨 위로의 말은, 결국 나를 더 작게 만들었다.
내 그릇이 고작 그 정도뿐이라고
나를 향해 손가락질하는 것처럼 느껴졌다.
결국, 엄마라는 삶을 택한 순간부터 나라는 존재를 지워야 버틸 수 있었다.

알고 있다. 누가 억지로 떠밀어서 엄마가 된 건 아니라는 걸.
하지만 그래도, 힘들 땐 힘들다고 말하고 싶었다.
아플 땐 솔직하게 아프다고 말하고 엉엉 울고 싶었다.
나 자신이 무너지기 전에, 나를 되찾고 싶었다.

며칠 밤잠을 재우지 않고
저도 모르게 꾸벅꾸벅 졸던 이에게 찬물을 뿌려
그마저도 잘 수 없게 고문을 하면, 사람이 미친다고 하던데.
뜬눈으로 밤을 지새워야 했던 신생아 시절이 그런 고문 같았다.
영원히 끝나지 않을 줄 알았지만, 끝나긴 하더라.
조금씩 말이 통하고 눈치가 생기는가 싶더니 미운 네 살이 되었다.
말도 안 되는 고집을 부리며 생떼를 부리기 시작했다.
그래, 미운 네 살이니까 어른인 내가 참아야지.
하루에도 수십 번씩 참고 또 참았더니 학교에 들어갔다.
거기서 끝나면 얼마나 좋을까. 육아는 끝날 때까지 끝난 게 아니었다.
너 죽고 나 죽자 하는 사춘기는, 어쩌면 육아 중 가장 난이도가 높은 시기가 아닐까.
그 후로도 대학입시, 등록금, 취업, 결혼까지. 어쩌면 내가 눈을 감는 그날까지.
너에 대한 나의 마음과 책임감은 끝없이 길게 이어질 것이다.
그러니까, 지금 잠깐 숨긴다고 숨길 수 있는 게 아니라는 것이다.

평생 나를 지우고 살아갈 게 아니니까
내 감정을 더 이상 숨기지 않기로 했다.

그래서, 글을 쓰기 시작했다.
내가 느끼는 감정을 더 이상 숨기지 않고, 나답게 느끼려고 애쓰는 중이다.
억지로 숨겨놓은 내 감정을 꺼내 다시 나를 찾는 중이다.
사라진 게 아니라 잠시 멈추었던 내 마음을 회복하기 위해
오늘도 한 줄씩 내 이야기를 적어본다.

힘들면 천천히, 느려도 괜찮다.
그렇게 나를 찾아간다.

나를 지우지 않기 위해, 나를 찾아가던 날

+ 기억하고 싶은 한 문장 +

+ 오늘의 마음 기록 +

아이가 뛰어가다 넘어졌어요. 무릎에서 피가 나자, 엉엉 울음을 터뜨렸지요.
엄마인 당신은 아이의 무릎에 약을 발라주고, 밴드를 붙여 주었어요. 따스한 입김도 불어 넣었고요. 또 어디 다친 데 없나 살펴보겠죠. 그러는 동안 아이는 울음을 그쳤을 거예요.
그런데, 당신은 어때요? 아이의 몸에 묻은 먼지를 털어주느라 엉망이 된 손은 살펴보았나요?
지금 당신이 가장 불편한 곳이 어딘지 살펴보세요.

엄마도 아플 수 있다는 걸, 잊지 말아요.

아직 서툴지만, 그게 나니까

오른쪽이 액셀러레이터, 왼쪽이 브레이크.
그러니까 가운데 큰 게 브레이크잖아.
아닌가? 반대였나?

갈 곳을 잃은 오른발이 허공을 맴돌았다.
한참 앞에 정차되어 있던 버스가 점점 가까워질수록
눈앞이 깜깜해지고 식은땀이 흘렀다.
"아빠, 브레이크가 어느 쪽이야?"
다급해진 내 말에, 아빠가 "가운데!"를 외쳤고
스르륵 굴러가던 바퀴는 충돌 직전에 멈췄다.

면허를 따고 처음 운전대를 잡은 날의 기억이다.
그런 내가 못 미더워 운전석에서 쫓아버렸을 법도 한데,
아빠는 "우리 딸 믿는다."라며 끝까지 운전대를 내게 내어주셨다.
핸드브레이크를 꽉 쥐고 있던 손은 못 본 거로 해두자.
그 후로 베스트 드라이버가 되었다거나 하는 반전이 있다면 좋았겠지만,

현실은 여전히 버스를 타고 다녔고,
신분증 검사 할 때나 면허증이 쓰일 뿐이었다.

그러던 내가 한 번씩 운전대를 잡기 시작했다.
결혼 후 남편의 대리운전을 계기로 조금씩 기회가 생겼다.
여전히 주차는 어려웠고, 낯선 곳을 가야 할 땐 로드뷰로 길을 미리 익혔다.
깜빡이를 켠 채로 머리를 수차례 주춤거리고 난 후에야 끼어들 수 있지만,
네 개의 바퀴는 조금 더 넓은 세상으로 나를 데려다 주었다.
하지만, 도로 위 세상은 초보 딱지를 채 떼지 못한 내게 너그럽지 않았다.
조그마한 실수에도 요란하게 경적을 울렸고
그럴수록 어깨는 움츠러들었다.

그날도 나는 차에 부르릉 시동을 걸고 길을 나섰다.
뒷좌석 카시트에 네가 앉아 있었지만,
평소와 달리 조수석에 남편은 없었다.
처음으로 우리 둘만 함께 나선 길이었다.

네가 보챌 때를 대비해 간식거리를 잔뜩 챙겼다.

화장실도 미리 다녀왔으니, 갑자기 '쉬!'를 외칠 일은 없을 것이다.
로드뷰로 방향을 미리 익혔고, 평소 다니던 길이었기에 부담 없이 출발했다.
네가 좋아하는 동요를 틀어놓고, 그걸 따라 부르는 네 목소리를 귀에 담았다.
깜빡 깜빡이는 방향 지시등이 화이팅을 외쳤다.
잘 다녀오라고 내게 인사를 건네는 것 같았다.

출발한 지 몇 분이나 지났을까.
갑자기 내비게이션이 멈췄다.

자주 지나다니는 길이라고는 했지만,
고가 아래로 지나가면서 차선이 줄어들었다가 합쳐지고 갈라지는 길이라
초보인 내게는 매우 어려운 코스였다.
오직 내비게이션에만 의지했기에, 순간 마음이 다급해졌다.
할 수만 있다면 당장 차를 세워 내비게이션이 다시 작동할 때까지 기다리고 싶었다.
불과 몇 초 전까지만 해도 느긋했던 마음이 초조함으로 바뀌었다.
'으악, 어떡해. 내가 왜 차를 몰고 나왔을까. 그냥 남편한테 태워달라고 할걸.'

'괜히 나왔나 봐. 집에나 있을 걸.'
수많은 후회가 머릿속을 채웠다.
"으앙, 큰일 났다."
생각만 하던 말이 입 밖으로 튀어 나갔다. 울고 싶은 심정이었다.
"엄마, 왜?"
뒷자리에서 네 목소리가 들렸다. 네가 있음을 의식하자 더 초조해졌다.
"네비게이션이 꺼져버렸어. 여기 길 엄청 복잡한데, 어떡하지?"
나는 어느새 울먹거리고 있었다.

"괜찮아, 엄마. 천천히 가면 되지 뭐."

별생각 없이 툭 던졌을 너의 무심함이 위로가 되었다.
"엄마가 그랬잖아. 지구는 둥그니까 어디로 가든 길은 연결되어 있다고."
동네 탐방을 하겠다고 아무 골목이나 쑤시고 들어가던 너를 쫓으며 언젠가의 내가 했던 말이라고 했다.
그 한마디에 순간 목구멍이 콱 막히는 것 같았다.

참 고단한 시기였다.
돌봐야 할 아이가 하나에서 둘이 되자 알게 됐다.

나는 둘을 감당할 그릇이 아니라는 걸.
하지만 이미 떠나버린 버스를 내 마음대로 되돌릴 수는 없는 노릇이었다.
태어난 아이를 다시 뱃속에 쑤셔 넣을 수 없었기에, 최선을 다해 노력해야 했다.
나의 부족함을 너희가 눈치채지 못하도록.
유모차를 끌거나 아기띠를 하고, 때로는 양손에 하나씩 손을 나눠 잡고
터벅터벅 하릴없이 동네를 돌아다녔다.
개미 떼가 지나가는 모습을 한참동안 웅크리고 보는 너희에게도
칙칙한 집보다 햇빛이 있는 바깥이 차라리 낫다고 생각했으니까.

"엄마 이 길이 맞아?"
너는 낯선 풍경에 길을 잃을지 겁이 났었나 보다.
"지구는 둥글고 모든 길은 연결되어 있어."
내가 그랬다고 한다. 아마 대충 둘러댄 말이었을 텐데.

"틀리면 돌아가면 되잖아."
네가 덧붙였다. 나는 힘차게 고개를 끄덕였다.
가끔은 일부러 돌아가기도 하지 않던가.
지나가는 길에 근사한 풍경이 눈에 띄어 잠시 차를 세우고 셔터를

누르기도 하는데
나는 뭐가 그렇게 급해 서두르기만 했을까, 싶었다.

배가 잔뜩 부른 채 퇴사를 결심했던 날도, 너를 처음 만났던 날도,
밤새 우는 너를 끌어안고 발을 동동 구르며 어디가 불편한지 고민
했던 날도.
마치 내비게이션이 멈춰버린 지금처럼 초조하고 무서웠다.
'내가 가는 길이 맞는 걸까?'
'혹시 잘못된 길을 가고 있는 건 아닐까?'
'내가 잘할 수 있을까?'
언제나 확신보다 불안함이 더 컸다.
그래서 앞으로 나아가지 못한 채,
그 자리에 주저앉아 지나온 길을 되돌아보곤 했다.

하지만, 그 길이 있었기에, 지금의 내가 있다.
어쩌면 잘못된 길을 걸었을 수도 있지만,
그 길이 있었기에 내가 있고, 네가 있다.
너는 이만큼이나 자랐고, 나도 조금씩 방향을 찾아가고 있다.
여전히 서툴고 부족한 엄마이다.
아마 내가 엄마로 사는 내내 그 마음은 변하지 않을 것이다.
매번 완벽하지 않아도 괜찮다. 서툴러도 어쩌겠는가.

너도 네 삶이 처음인 것처럼, 나도 엄마가 처음인 것을.
그저 나의 길을 찾아 한 걸음씩 나아갈 뿐이다.

내비게이션은 금세 켜지며, 다시 제 기능에 충실했다.
거의 기어가다시피 했던 나는 그제야 오른발에 힘을 줄 수 있었다.
어느 쪽이 브레이크고 액셀러레이터인지 더는 헷갈리지 않았다.
숨을 깊게 들이마셨다.

길이 잘못됐으면 돌아가면 돼.
언젠가는 도착할 수 있어.
나는 엄마니까.

아이와 함께 길을 잃을 뻔했던 날

+ 기억하고 싶은 한 문장 +

+ 오늘의 마음 기록 +

고속도로에서 차선을 잘못 타면 엉뚱한 곳으로 갈 수 있어요.
어느새 서울에서 부산까지 달리고 있을지도 모르죠.
하지만, 고속도로에도 중간중간 빠지는 길이 있어요.
길을 잘못 들면 돌아갈 수 있도록 말이에요.
만일 내 아이가 잘못된 방향으로 달리면서 자책하고 울고 있다면,
어떤 말을 해줘야 할까요?

똑같은 말을 나 자신에게도 해보는 건 어때요?

일상이 달라지지 않아도, 내가 달라졌다

"아이들에게 책을 읽게 하고 싶으면,
부모가 먼저 책 읽는 모습을 보여주세요."

자녀 교육 전문가가 말했다.
아이들은 부모의 모습을 보며 학습하기 때문이라고 한다.
여가 시간에 스마트폰을 들여다보는 대신 책을 읽기 시작하면
자연스레 아이들이 그 모습을 닮아갈 거라고 덧붙였다.
온 가족이 함께 책을 읽는다니, 얼마나 아름다운 모습인가.
당장 실행에 옮기기로 했다.
"엄마, 이제부터 책 읽을 거야."
호기롭게 말하고, 보란 듯이 책을 흔들며 돌아다녔다.
시큰둥하던 네가 조금씩 관심을 보이더니 내게 다가와 책을 살펴본다.
'이게 정말 되는구나.'
가슴이 두근거리려던 찰나, 너는 문을 닫아버렸다.
"엄마, 책 편하게 읽어."
아, 우리 집에는 해당하지 않는 이야기구나.

이번에는 글을 써보기로 했다.
노트북을 펼쳐놓고 요란하게 키보드를 두들겼다.
공책을 펼쳐놓고 깨작깨작 글자를 채워 넣었다.
"엄마, 뭐해?"
네가 또 관심을 보였다.
"아까 읽은 책에 좋은 구절이 있어서 적어놓는 거야.
이렇게 해두면 잊어버리지 않거든. 여기 공책에 흔적으로 남잖아."
"아, 그렇구나."
너는 그게 끝이었다. 하지만 나는 아니었다.

너에게는 더 이상 통하지 않았지만,
나의 마음은 조금씩 바뀌고 있었다.
생각을 입 밖으로 뱉은 순간, 진심으로 기록하고 싶어졌다.

한 해가 끝나갈 때쯤, 다가오는 새해를 상상하며 목표를 세운다.
나의 목표에 매년 빠지지 않는 건 다이어트다.
그 말은 매년 실패한다는 뜻이다.
올해는 꼭 다이어트에 성공하겠노라 다짐하며 헬스클럽 연간 회원권을 끊었다.
운동복과 편한 신발, 양말을 장바구니에 담으며 의지를 불태웠다.
반드시 백 권의 책을 읽겠노라 결심하며 서점 베스트셀러 코너를 들락거리기도 했다.
나이 들어 눈이 침침해지니까 오디오북이 나으려나.
어느새 딴 길로 새버린 나를 발견한다.
한 달에 십만 원이라도, 돈을 모으면 어떨지 생각했다.
푼돈 모아 푼돈이라고는 하지만, 언젠가를 위한 비상금을 꿈꾸며 이자를 계산해 보았다.
올해는 자격증 공부를 해볼까?
자격증을 딴다고 취업으로 연결된다는 보장이 없다는 핑계로, 빠른 포기를 선택했다.
이 정성으로 공부했으면 인생이 바뀌었을지도 모르겠다.
사흘 만에 포기할 계획이라도 그 순간은 진지하다.
목표를 세우는 동안에는 진심이니까.

다만, 이런저런 이유로 실패를 거듭하다 보면
처음의 마음가짐은 어느 순간 기억 속에 지워지기 마련이다.

내가 매년 세우는 목표에 다이어트 말고 한 가지가 더 있다.
바로 다이어리 쓰기다.
보통은 시작하기도 전에 포기하곤 했는데, 이번에는 평소와 조금 달랐다.
기록하고 싶다는 생각이 드는 순간

주섬주섬 옷을 갈아입고 문구점을 찾았다.
지금의 마음이라면 시작할 수 있을 것 같았다.

또 며칠 사용하다 포기할 수도 있겠지.
매대 하나를 꽉 채우고 있는 다이어리 앞에서 잠시 망설였다.
아무렴 어때.
어린 여학생들이 복작거리는 틈 사이를 파고들었다.
이왕이면 예쁜 녀석으로 골라야지.
누구의 눈치도 볼 필요 없었다. 아무도 내게 관심 없으니까.
그저 나만 내게 집중하면 되는 것이었다.
"보기 좋은 떡이 맛도 좋다"는 말이 있는 것처럼
표지가 마음에 드는 다이어리를 사면, 한 번이라도 손이 더 가지 않을까?
이렇게 나는 오늘도 자기 합리화에 빠져, 예쁜 종이 쓰레기를 하나 샀다. 그래도 좋았다.
새로운 시작은 언제나 설렘이다.

이번에는 욕심을 조금 내보기로 했다.
두 권의 다이어리를 준비했다.
한 권은 일상을 기록하기로 했다.
오늘, 혹은 어제의 기억을 곱씹는 용도다.

반듯한 네모와 직선이 그어진 다이어리에 한 글자씩 채워지면
미완성이었던 나의 하루가 완성되는 것이다.
나머지 한 권은 일정 정리와 메모용으로 정했다.
To-Do 리스트를 채워 넣었고, 읽은 책의 제목과 마음에 드는 구절
을 적었다.
문득 떠오르는 생각을 기록하며 '다음에 글로 써봐야지'하는 꿈을
가졌다.

스마트폰 각종 앱 여기저기에 퍼져있는 나의 조각들이
한군데로 모이기 시작했다.

성능 좋고 간편한 애플리케이션이라면 얼마든지 있다.
이미 나의 피부가 되어버려 한시도 떨어지지 않는 스마트폰 하나만
있으면
볼펜이나 다이어리를 굳이 들고 다니는 수고로움 따위 필요 없다.
하지만 지나간 기록을 다시 꺼내보는 일은 좀처럼 없었다.
이미 지난 일정 따위 삭제해버리면 그만이니까.
그에 비하면 손으로 쓰는 다이어리는 다르다.
오늘 기록을 위해 펼쳐진 페이지에서, 어제의 흔적을 찾기도 했다.
'맞아, 그랬었지' 하며 추억을 되새김질하기도 한다.

사부작사부작 다이어리를 채우던 나를 네가 바라봤다.
무얼 하느냐고 묻기에 내 생각을 적고 있다고 했다.
내가 읽던 책이 곁에 놓여 있었다.
"엄마는 꿈이 작가라더니. 그래서 책을 읽고 기록하는 거구나."
굉장한 깨달음을 얻은 것처럼 네가 중얼거렸다.
그리고 나지막이 덧붙였다.
"엄마는 꿈을 향해 한 발짝 다가가고 있구나."
잊고 있던 나의 기억을 네가 꺼내 주었다.

그래, 내게도 꿈이 있었지.
너의 말에 코끝이 시큰거렸다.

어차피 버려질 종이조각에 뭐 하러 정성을 들이냐 할 수도 있다.
하지만 시작하지 않으면 후회할 일 따위 없다.
그리고 성장도 없다.
글을 써야 퇴고가 가능한 것처럼
아무것도 시작하지 않으면, 나는 그대로일 뿐이다.

글을 쓰지 않을 이유는 너무나 많았다.
아이 둘을 키우는 워킹맘이 한가롭게 글이나 끄적일 여유는 없었으니까.

내 생각을 글로 적기는커녕,
생각 따위를 해본 게 언제였는지도 기억나지 않았으니까.
이루지 못한 첫사랑의 아픈 기억처럼 글을 쓰고 싶다는 욕망은 가득했지만,
막상 무엇부터 써야 할지 막막했으니까.

그럼에도 오늘을 끄적인다.
단 하나의 흔적이라도 남기기 위해
오늘의 한 줄을 기록한다. 이 작은 변화를 기억한다.
일상이 달라지지 않아도 내가 달라지고 있다.
잊혀질 기억이 형태로 남는다.

.... 다이어리를 산 날

+ 기억하고 싶은 한 문장 +

+ 오늘의 마음 기록 +

학기 초, 담임 선생님이 종이 한 장씩 나누어주시며 '자기소개서'를 쓰라고 하셨어요.
선생님은 우리에 대해 알고 싶다고 하셨죠.
진지한 얼굴로 종이 한 장에 나를 빼곡히 적어 넣었어요.
가족관계, 취미, 특기, 친한 친구 이름, 그리고 장래 희망.
그 시절, 당신은 어떤 꿈을 거기에 적었나요?

―――――――――――――――――――――――――――――

지금은 어때요? 당신의 삶에 어떤 변화를 꿈꾸고 있나요?

―――――――――――――――――――――――――――――

당신의 작은 변화, 제가 응원할게요.

당신도, 나도 괜찮아질 거예요

나의 엄마는 대단한 사람이었다.

삼남매를 키운다는 건 꽤 바쁜 일이었을 텐데,

삼시세끼 직접 차린 밥과 반찬이 식탁에 올랐고,

간식마저 대충 준비하는 법이 없었다.

내가 울면 어디선가 나타나 모든 것을 해결해 주었다.

매일 아침 알람이 되어 우리를 깨우는 동안

머리맡에 사과와 당근을 갈아 준비해 놓는 것도 빠뜨리지 않았다.

내가 집에 오지 않으면, 아무리 늦은 시간이라도 감기는 눈을 치켜뜬 채 기다렸고

그 와중에 학교 준비물도 잊지 않고 챙겨놓았다.

교복도, 수건도, 양말도. 항상 말끔히 준비되어 있음이 당연했던 건

나의 엄마가 내 엄마였기 때문일 것이다.

그야말로 엄마는 슈퍼우먼이었다.

'엄마라는 존재는 뭐든 다 잘하는 사람이구나.

엄마라는 사람은 원래 그런 거구나.'

어린 내 눈에 비친 엄마는 완벽했다. 그래서 나는 모든 엄마가 다 그런 줄 알았다.
당연히 나도 엄마가 되면 그럴 줄 알았다.

하지만, 내가 엄마가 되었을 때
나는 할 줄 아는 게 아무것도 없었다.
고작 이유식 하나 만드는 데도 오랜 시간 공을 들여야 했다.
뚝딱뚝딱 준비해 한 상 가득 차려주는 나의 엄마와 달리
책을 여러 번 뒤지고, 많은 블로그를 들락거려야
삐그덕거리며 한 그릇의 이유식을 만들어낼 수 있었다.
네가 무얼 보며 웃는지도 몰랐고,
네가 인상을 찌푸릴 때면 다른 곳을 바라보며 못 본 척하는 날도 있었다.
밤새 울고 있는 너를 보면서도 대체 왜 우는지 알 수 없어서
마냥 너를 끌어안은 채 발을 동동 굴리기도 했다.
유치원에 혼자 던져진 꼬맹이처럼 모든 게 낯설었다.
당연하지만, 모든 게 엉망이었다.

매일 밤 너를 보며 생각했다.
'나는 왜 엄마처럼 할 수 없을까?
분명 나도 엄마인데, 왜 나는 안 되는 걸까?'

불안한 마음이 조금씩 쌓여 악몽을 꾸기도 했다.
내용도 형체도 없는 것이 나를 밤새도록 괴롭혔다.
해가 떠 있는 시간에는 밤이 점점 다가오는 게 두려웠다.
또 악몽을 꿀 게 뻔했다.
잠이 드는 게 무서워 울고, 또 울다 지쳐 까무룩 잠이 들곤 했다.
어김없이 악몽에 시달리고 나면
기억도 나지 않는 꿈의 잔재를 털어내려 부단히 애써야 했다.
일상이 무너졌다.

"나는 엄마 자격이 없나 봐. 엄마라는 게 너무 힘들어."
이러다 너를 미워하게 될까 봐 겁났던 날
마음속에 담아둔 진심을 조심스레 꺼냈다.
혹시라도 잠든 네가 내 마음의 소리를 알아들을까 봐
한껏 목소리를 낮춘 채였다.
"엄마는 뭐 안 힘들었는 줄 아니."
나의 엄마가 잠든 너를 토닥이며 말했다.
"엄마도 힘들었어?"
엄마가 웃었다.

내가 태어나던 날,
갑작스럽게 몰아치던 진통에 병원을 가려 길을 나섰지만

혹시라도 길에서 아기를 낳을까 봐 도착하는 순간까지 무서웠다고
했다.
너무나 아파서 조금은 나를 원망했을지도 모른다.
어느 날, 혼자 조용히 잘 놀고 있는 줄 알았던 내가
무엇을 주워 먹었는지 꼬르륵 고꾸라지더란다.
얼굴이 창백해진 나보다, 더 놀랐을 엄마는
작은 나를 거꾸로 세워 안고 등을 마구잡이로 두들겼고,
한참 만에 내 목구멍에서 튀어나온 바둑알을 보고 가슴을 쓸어내렸
다고 했다.
장롱 밑에 손을 뻗어 바둑알을 주워 먹은 나를 탓하기보다
그거 하나 굴러가 있는 줄도 몰랐던 자신을 탓했으리라.
가게에서 잠깐 계산하는 사이, 분명 곁에 있던 내가 사라졌던 날은
눈앞이 깜깜해져 자책조차 하지 못했을 것이다.
한참 만에 겨우 만난 나를 향해 울먹이며 화를 내던 그 마음은
어쩌면 자신을 향한 것이었다.

그렇게 차곡차곡 쌓인 수많은 눈물과 슬픔도 이제는 추억이란다.
"엄마도 힘들었지."
당신 얼굴에 깊게 팬 주름이, 당시의 마음을 대신 말해주었다.
낮게 읊조리던 엄마의 말에 안심이 되었다.
'엄마도 힘들고, 무서웠구나, 불안했구나.

내가 이상한 게 아니구나.'
안심이 되었다.
"애들 금방 큰다. 그러니 너는 너 먼저 생각해.
애들 학원비에 허리 휘청거리지 말고, 네 노후나 걱정해."
무심하게 툭 던진 말은 엄마가 딸에게 건네는 위로였다.
그것은 어쩌면, 삼십 년 전 당신에게 하는 말일지도 모르겠다.

"누군 처음부터 엄마였니. 다 하나씩 배워가는 거지."
마법사의 손짓처럼 빠르게 상을 차려내며 대수롭지 않다는 듯 툭
던진 한마디.
그제야 떠올랐다. 잊혔던 엄마의 모습이.
완벽하지 않았던 나의 엄마가.

오래된 앨범과 함께 덮어 두었던 엄마의 한숨이 떠오른다.
우리가 들을세라 숨죽여 울던 엄마의 얼굴에 마음이 아파
차마 다가가지 못했던 어린 날의 내가 있었다.
당신의 젊음을 모두 갈아 넣기에 스물네 시간도 부족했을 것이다.
우리를 보던 엄마의 위태롭고 지친 표정,
그럼에도 우리를 향해 웃어주려 애쓰던 그 애잔함이
하나둘 기억의 수면 위로 떠오르기 시작했다.
완벽한 줄 알았던 엄마도, 사실은 엄마가 처음이었다.

하루하루 연습하고 배우며 엄마가 되었다. 그걸 이제야 알았다.

완벽하지 않은 엄마는, 내게 위로가 되었다.

내가 나의 엄마를 좋아하는 이유가 완벽해서가 아니었던 것처럼,
네가 나를 좋아하는 이유가 완벽한 엄마이기 때문은 아닐 것이다.
그냥 나니까. 내가 너의 엄마니까 좋은 것이다.
내가 너를 보며 그러하듯이.
마주 보며 웃는 것만으로 우리는 충분히 서로에게 사랑을 느낀다.
뭐든 잘하고 싶다는 욕심을 내려놓자, 서로에게 연결된 사랑이 보였다.

"엄마가 이것도 몰라?"
"엄마는 몰라도 돼. 내가 알아서 할게."
오늘도 새침하게 말하는 네 앞에서 나는 더 이상 작아지지 않는다.
그만큼 네가 자라고 있는 걸 테니까.
그만큼 내가 잘하고 있는 걸 테니까.

네가 혼자 할 수 있는 게 많아질 수록 나의 자리는 좁아질 것이다.
너의 하늘처럼 크게 느껴졌던 엄마라는 존재도
어느 날부터 작아질 것이다.

그래도 내가 여전히 네 엄마라는 건 변함없는 사실이다.
언젠가 네가 훌쩍 자라 너에게도 아이가 생기게 되면,
나는 왜 엄마처럼 안되냐고 투정 부리면,
꼭 이야기해 줄게.

"괜찮아, 지금 충분히 잘하고 있어."

그리고 지금의 우리에게도 말해주고 싶다.
"당신도, 나도 괜찮아질 거예요.

………………………………………………… 어린 나의, 젊었던 엄마를 기억한 날

+ 기억하고 싶은 한 문장 +

―――――――――――――――――――――

+ 오늘의 마음 기록 +

저는 옆집 엄마를 보며 많은 걸 배워요.
아이들 말에 항상 귀 기울여주고, 모든 일에 열정적이거든요.

저는 아마 다시 태어나도 그분처럼 하지 못할 것 같아요.

하지만, 제가 그분보다 체력은 좋아요. 예전 같지 않은 건 그쪽이나 저나 마찬가지고요.

당신도 닮고 싶은 엄마가 있나요? 이웃도 좋고, 인플루언서나 연예인도 좋아요.

그 사람의 어떤 점을 닮고 싶나요?

이번에는 당신에게 그보다 나은 점을 찾아볼까요? 분명 있어요. 자신감을 가져요.

epilogue
내가 나를 포기하지 않았다는 것, 그걸로 충분
하다

처음에는 그냥 자동차일 뿐이었다.
어느 장난감 코너에 가도 쉽게 볼 수 있는 그런 모양이었다.
하지만, 그것의 문을 열어 몇 번 돌리고 끼워 넣다 보면
그때부터는 더 이상 자동차가 아니었다.
어느새 근사한 로봇으로 변신했다.

그 과정을 바라보는 아이의 눈은 존경과 사랑,
어쩌면 그 이상의 것이 있었을 것이다.
덕분에 내가 굉장한 사람이라도 되는 듯한 착각에 빠지기도 했다

하지만, 문제가 하나 있었다.
아이 혼자 힘으로 변신시키기에는 이음새도 너무 뻑뻑했고,
무엇보다 그 과정이 너무 복잡했다.
엄마인 나조차도 헷갈릴 정도였으니까.
당연히 모든 것은 엄마인 나의 몫이 되었고
시간이 지나 익숙해질 때쯤엔, 잠결에도 변신할 수 있는 경지에 다

다랐다.

그러는 동안 아이의 손은 매일 조금씩 커졌다. 뻑뻑했던 이음새도 매끄러워졌다.

급기야 "변신시켜 줘" 하며 나를 찾는 횟수가 줄더니,

어느 날부터는 스스로 능숙하게 조립했다.

벼도 익으면 고개를 숙이고

꼿꼿했던 허리도 나이를 먹어감에 꼬부라지는 것처럼

선명하고 단단했던 변신 자동차도 조금씩 변해갔다.

스티커가 벗겨지고, 한쪽 팔이 덜렁거렸다.

하루 종일 가지고 놀아도 질리지 않는 듯하더니

어느 순간부터 아이의 손에는 다른 장난감이 들려 있었다.

"오래 가지고 놀았네. 이제 버려야겠다."

재활용 상자 앞에서 아이에게 말했다.

나의 한 손에는 장난감 몸통이 들려 있었고, 반대 손에는 빠진 팔 하나가 들려 있었다.

줄이 끊어진 연처럼 망가진 몸이 힘없이 흔들리고 있었다.

"안돼!"

아이가 빽 소리를 질렀다.

"어차피 이제 가지고 놀지도 않잖아."
내 말에, 아이는 변신 자동차를 품에 꼭 안고 고개를 저었다.
"안돼. 이건 소중한 거야. 나한테는 추억이야."
내겐 망가진 장난감일 뿐이었던 그것이,
아이에게는 온기와 마음을 품고 있는 소중한 추억이었다.

그날 밤, 아이를 재우고 장난감 정리를 하면서
낡은 변신 자동차도 반듯하게 세워 놓았다.
그리고 벽에 등을 기대고 앉아 그것을 바라보았다.

나는 그동안, 나를 너무 쉽게 버린 게 아니었을까?

좋은 제안을 받았던 날, 아이 핑계를 대며 거절한 적 있었다.
사실 겁이 났다.
예전 같지 않은 나를 마주하게 될까 봐 두려운 마음이었다.
작은 용기를 더 작게 꼬깃꼬깃 접어 구석에 구겨 버렸다.
너무나 아파서 위로가 필요했던 날도 있었다.
몸이 아닌 마음이었기로 눈에 보이는 상처는 없었다.
가만히 앉아 있어도 그냥 눈물이 주르륵 흐르던 위태로운 마음이었지만,
그마저도 꾹꾹 눌러 눈에 보이지 않는 곳에 밀어 넣었다.

화가 나는 마음도, 울컥 솟구치는 마음도, 외로움도.
그 모든 것을 표현하기보다 '엄마니까 참아야지' 하며 꼭꼭 숨기느라 바빴다.
내가 나를 부정했고, 내가 나를 버린 것이다.

하지만, 변신 자동차가 처음부터 로봇은 아니었던 것처럼
나도 처음부터 엄마는 아니었다.
장난감이 아이에게 추억이었듯, 그 모든 감정도 사실은 나였다.
나의 기억이었고, 나의 마음이었다.
버려서는 안 되는 '나'였다.
내 아이의 엄마이기 이전에, 내 남편의 아내이기 이전에
'나'로 존재하던 '나'는, 버리면 안 되는 거였다.
내 감정을 모른 척하면 안 되는 거였다.

한 아이가 태어나 성장해 나가는 데는 꽤 오랜 시간이 걸린다.
자식이 성인이 된 후에도
부모 눈에는 어린아이처럼 느껴진다는 말처럼
어쩌면 육아라는 길은 완주가 없는지도 모르겠다.

아이를 처음 만났을 때의 내가 있다.
아이를 키우는 동안의 내가 있고,

아이가 자라나는 시간 속에서

나의 모습도 끊임없이 자라고 있다.

하지만, 나를 지워버리는 순간부터는 아무것도 존재하지 않는다.

반드시 훌륭하지 않아도 괜찮다.

자식을 향한 엄마의 사랑, 그 크기를 감히 누가 평가할 수 있을까.

오첩반상 대신 라면을 끓여 주었어도 상관없다.

오감 놀이 대신 동영상을 보여줄 수도 있다.

때로는 그저 하루를 무사히 견딘 것만 해도 충분하다.

부족함이 있어도, 뾰족함이 있어도

우리가 함께하는 시간은 소중하니까.

나를 포기하지 않는 것만으로도

우리는 그 시간을 지켜낼 수 있으니까.

어쩌면 지금이 너무 힘겨울 수도 있다.

영원히 끝나지 않는 터널을 걷고 있는 것처럼

눈앞이 깜깜하고 버거울지도 모른다.

나도 그렇고, 아마 모두 그럴 것이다.

그래서, 나는 다시 '나'를 꺼내보려 한다.

버리고 싶었던 나의 마음을 하나씩 꺼내 마주할 것이다.

그러니, 바라건대
당신도 자신을 포기하지 않았으면 한다.
지금 이 시간도 결국 당신이니까.
휴대전화 사진첩 속 추억 하나, 일기장 한쪽에 적어둔 추억 하나가
될 테니까.
너무나 소중한 당신의 존재가
누군가에게는 소중한 추억이 될 테니까.

새벽 4시 반, 엄마 마음 일기장

좋은 엄마가 되려다, 나를 잃어버린 당신에게

초판 발행 · 2025년 11월 25일

지은이 · 신은영

발행인 · 옥경석
펴낸곳 · 주식회사 에이콘온

주소 · 서울시 양천구 국회대로 287 (목동)
전화 · 02)2653-7600 | **팩스** · 02)2653-0433
홈페이지 · www.acornpub.co.kr | **독자문의** · www.acornpub.co.kr/contact/errata

편집장 · 임채성 | **디자인** · 윤서빈 | **홍보** · 박혜경, 백경화 | **경영지원** · 최하늘, 김희지

에이콘온(ACORN-ON) - 에이콘온은 'ON'이라는 단어처럼,
사람의 가능성에 불을 켜는 콘텐츠를 지향합니다.

인스타그램 · instagram.com/acorn_pub
페이스북 · facebook.com/acornpub
유튜브 · youtube.com/@acornpub_official

Copyright ⓒ 주식회사 에이콘온, 2025, Printed in Korea.
ISBN 979-11-94409-37-3
http://www.acornpub.co.kr/book/9791194409373

책값은 뒤표지에 있습니다.